Lesebuch 7

Lesetraining

Erarbeitet von
Bärbel Döring
Jana Dörschmann
Marion Gutzmann

VOLK UND WISSEN

Zu diesem Arbeitsheft gibt es einen passenden Schülerband (ISBN 978-3-06-061731-9).

Redaktion: Christina Nier
Bildbeschaffung: Angelika Wagener
Illustration: Uta Bettzieche, Leipzig
Umschlaggestaltung: werkstatt für gebrauchsgrafik, Berlin
Umschlagillustration: Susann Hesselbarth, Leipzig
Layoutkonzept: Farnschläder & Mahlstedt, Hamburg
Layout und technische Umsetzung: Uwe Rogal, Berlin

Bilder: 5 Drvenkar, Zoran: Niemand so stark wie wir. rororo, Rowohlt Taschenbuch, Hamburg 1998 **6** Blobel, Brigitte: Die Clique. Wenn die Clique Druck macht. Arena, Würzburg 2005 **8** Engström, Mikael: Ihr kriegt mich nicht. Carl Hanser, München 2009 **10** Dietl, Erhard: Das Leben ist voll hart. Thienemann, Stuttgart 2000 **34** akg-images
Texte: 4 Diagramm „Nummer gegen Kummer". Aus: http://www.nummergegenkummer.de/html/img/pool/Jahresstatistik; Schaubild: © Shell Jugendstudie 2011. **5** Drvenkar, Zoran: Niemand so stark wie wir. Rowohlt TB, Hamburg 2004, S. 75. **6 f.** Blobel, Brigitte: Die Clique. Wenn die Clique Druck macht. Arena GmbH, Würzburg 2002, S. 28–33. **8 f.** Engström, Mikael: Ihr kriegt mich nicht! Carl Hanser, München 2009, S. 134–136. **10 f.** Dietl, Erhard: Das Leben ist voll hart. Thienemann, Stuttgart 2000. **12** Drvenkar, Zoran: Niemand so stark wie wir. s. o. **13 ff.** Honey, Elisabeth: Henni & Leo. Übersetzt aus dem Englischen von Heike Brandt. Beltz & Gelberg, Weinheim/Basel 2008. **22** Heym, Georg: April. Aus: Dichtungen und Schriften Bd. 1 Lyrik, Hrsg. von K. L. Schneider. Ellermann, Hamburg und München 1964, S. 66. **23** Strittmatter, Eva: Mai. Aus: Sämtliche Gedichte. Aufbau GmbH, Berlin 2006. Storm, Theodor: Ein grünes Blatt. Aus: Sämtliche Werke. Band 1. Aufbau, Berlin und Weimar 1982, S. 117. Guggenmos, Josef: Kalter Tag. Aus: H.-J. Gelberg (Hrsg.): Großer Ozean. Gedichte für alle. Beltz, Weinheim/Basel 2000, S. 218. **24** Jatzek, Gerald: Wunder. Aus: Rabauken-Reime. Residenz St. Pöhlen, Salzburg 2011. Mühringer, Doris: Zittern der Bäume. Aus: H.-J. Gelberg (Hrsg.): Großer Ozean. Beltz & Gelberg, Weinheim/Basel 2006. Braun, Volker: Der Baum. Aus: H. Preißler (Hrsg.): Das Windrad. Der Kinderbuchverlag, Berlin 1967. Kästner, Erich: Trostlied im Konjunktiv (Ausschnitt). Aus: Gedichte. Atrium, Zürich 1936. Manz, Hans: Auf Bäume klettern. Aus: Die Welt der Wörter. Sprachbuch für Kinder und Neugierige. Beltz & Gelberg, Weinheim/Basel 1989. Bewer, Max: Pflanz einen Baum. http://gedichte.xbib.de/Bewer_gedicht. **26** Moser, Erwin: Sommertag. Aus: Wolf Harranth/Christine Sormann (Hrsg.): Im Pfirsich wohnt der Apfelkern. St. Gabriel Mödling, Wien 1994. **27** Manz, Hans: Winter. Aus: Victor Christen und Jürgen Wulff (Hrsg.): Schnick, schnack, schabernack. Oldenburg, Stalling 1973. **28** Rothmann, Ralf: Betrachtung des Apfels. Aus: Hans-Joachim Gelberg (Hrsg.): Großer Ozean. Beltz & Gelberg, Weinheim/Basel 2006. Ferra-Mikura, Vera: Was meinst du dazu? Aus: Bunt gefleckt-getupft-gescheckt. Jungbrunnen, Wien 2008. Kaléko, Mascha: Der Herbst. Aus dem Zyklus: Wie's auf dem Mond zugeht. Aus: Die paar leuchtenden Jahre. DTB, München 2003. **29** Guggenmos, Josef: Wäre die Wolke ein Kissen. Aus: H.-J. Gelberg (Hrsg.): Groß ist die Welt. Beltz & Gelberg, Weinheim/Basel 2006. **30** Strittmatter, Eva: Blauer Tag. Aus: ebenda. **31** Mai, Manfred: Unser Platz: Tausend Wünsche – Gedichte für kleine und große Kinder. Ravensburger Buchverlag, Ravensburg 1986. **40** Flöhe. Aus: Die besten Ferienwitze. Omnibus Jugendbuch, München 2004, S. 63. Der Salat. Aus: Thiesen, Peter: Schlapplachtheater. Beltz Verlag, Weinheim/Basel 2010, S. 83. **47** Kästner, Erich: Verzweiflung Nr. 1. Aus: Ein Mann gibt Auskunft. In: Gesammelte Schriften. Band 1 (Gedichte) © Atrium, Zürich 1959, S. 171. **50** Chamisso, Adelbert v.: Das Riesenspielzeug. Aus: Gesammelte Werke. Cotta'sche Buchhandlung, Stuttgart 1900. **53** Mörike, Eduard: Die Geister am Mummelsee. Aus: Werke und Briefe. Erster Band. Gedichte. Hrsg. von H.-H. Krummacher. Klett-Cotta, Stuttgart 2003, S. 86. **56** Storm, Theodor: Über die Heide. Aus: Sämtliche Werke. Band 1. Aufbau, Berlin und Weimar 1982, S. 192.

www.cornelsen.de

Die Links zu externen Webseiten Dritter, die in diesem Lehrwerk angegeben sind, wurden vor Drucklegung sorgfältig auf ihre Aktualität geprüft. Der Verlag übernimmt keine Gewähr für die Aktualität und den Inhalt dieser Seiten oder solcher, die mit ihnen verlinkt sind.

1. Auflage, 3. Druck 2023

Alle Drucke dieser Auflage sind inhaltlich unverändert
und können im Unterricht nebeneinander verwendet werden.

© 2012 Cornelsen Verlag / Volk und Wissen Verlag, Berlin
© 2016 Cornelsen Verlag GmbH, Berlin

Druck: Athesiadruck GmbH

ISBN 978-3-06-062007-4

Inhalt

Kapitel 1 Freizeit, Freundschaft, Clique
Sich zu einem Thema informieren 4
Zu einem Thema eigene Gedanken entwickeln 5
Die innere und äußere Handlung einer Geschichte erfassen 6
Die Gedanken und Gefühle einer Figur verstehen 8
Figuren beschreiben 10
Teste dich selbst! 12

Kapitel 2 Schreiben, mailen, chatten
Ein Strukturdiagramm ergänzen 13
Informationen aus Texten entnehmen 15
Eigene Texte verfassen – eine Geschichte weiterschreiben 19
Teste dich selbst! 20

Kapitel 3 Natur erleben in Gedichten
Sprachliche Gestaltungsmittel kennen 22
Das lyrische Ich in Gedichten untersuchen 23
Beziehungen zwischen Mensch und Natur in Gedichten entdecken 24
Personifizierung erkennen 26
Vergleiche suchen 28
Metaphern suchen 30
Teste dich selbst! 31

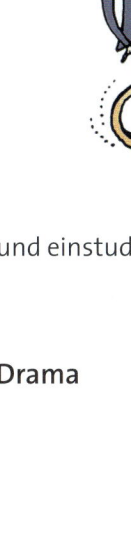

Kapitel 4 Wenn jemand eine Reise tut …
Eine Mindmap ergänzen 32
Eine Mindmap erstellen 36
Teste dich selbst! 38

Kapitel 5 Vorhang auf – Wir spielen Theater
Die Pointe eines Witzes herausfinden 40
Einen Solo-Blackout lesen 41
Einen Blackout nach einer Witzvorlage schreiben und einstudieren 42
Einen Sachtext lesen und verstehen 44
Teste dich selbst! 46

Kapitel 6 Ballade – Gedicht, Geschichte und Drama
Eine Ballade erschließen 47
Zu einer Ballade einen Comic zeichnen 50
Eine Ballade ausdrucksstark vortragen 53
Teste dich selbst! 55

Freizeit, Freundschaft, Clique

Sich zu einem Thema informieren

1 Lies die Informationen zum Thema „Freizeit, Freundschaft, Clique".

Freizeit

Jugendliche treffen sich in ihrer Freizeit gern in Freundesgruppen oder Cliquen, die sich durch Gemeinsamkeiten wie gleiche Interessen, ähnliche Ansichten, gemeinsame Vorlieben oder gleiche Abneigungen verbunden fühlen. In der Clique mag man z. B. die gleiche Musik, geht gemeinsam ins Kino, betreibt die gleiche Sportart oder trifft sich am Lieblingsort. Von den Mitgliedern einer Clique werden bestimmte Verhaltensweisen und Einstellungen gefordert, andere sind unerwünscht.

Gehörst du einer Clique an?

Zu dieser Frage wurden 2532 Kinder und Jugendliche zwischen 12 und 25 Jahren befragt (Shell Jugendstudie 2011).

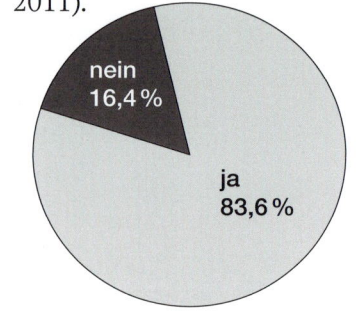

Beratungsschwerpunkte zum Thema „Clique/Freunde"

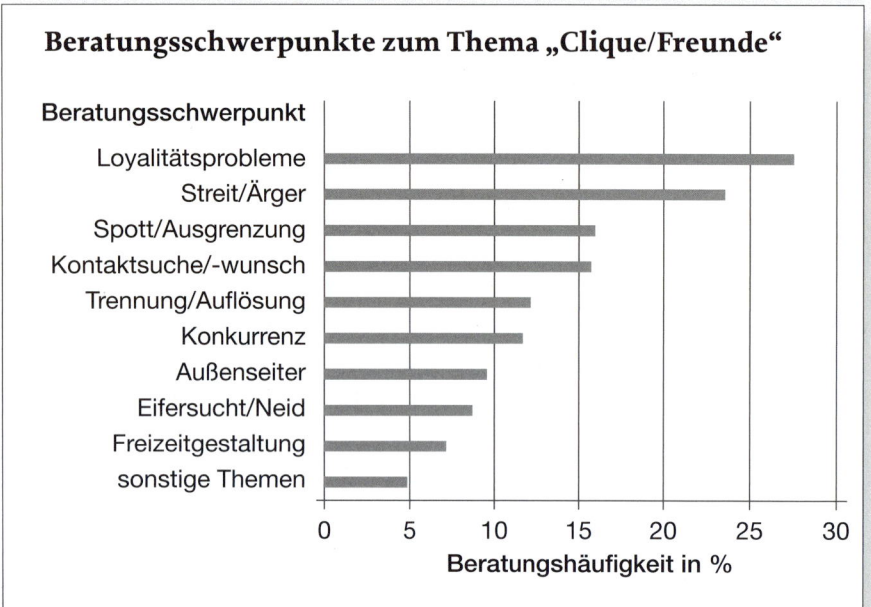

Nummer gegen Kummer

Die em@il-Beratung der „Nummer gegen Kummer" hat sich seit 2003 als Hilfsangebot für Rat suchende Kinder und Jugendliche entwickelt. Das Thema „Clique/Freunde" ist eines von neun Beratungsschwerpunkten mit mehreren Einzelthemen.

2 Ergänze den Lückentext.

In der _____studie aus dem Jahr _____ wird ausgesagt, dass über drei

Viertel aller Kinder und Jugendlichen einer Clique angehören. Mitglieder einer Clique

haben gemeinsame _____ , _____ oder

_____ . Der zweithäufigste Beratungsschwerpunkt zum

Thema „Clique/Freunde" ist _____ . Zu den Themen

_____ und _____

gab es etwa gleich viele Anfragen.

Zu einem Thema eigene Gedanken entwickeln

1 Lies den Text. Markiere mit verschiedenen Farben, was du über die Clique vom Lietzensee und über die Clique aus der Philippistraße erfährst.

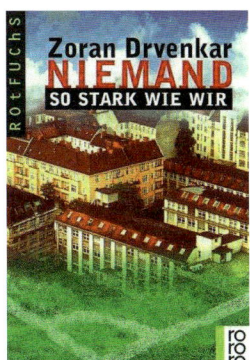

Zoran Drvenkar
Niemand so stark wie wir

Sie war älter als ich, hatte halblange blonde Haare und unglaublich viele Sommersprossen. Ihr richtiger Name war Teresa, aber niemand nannte sie so. Terri gehörte zu einer Clique, die sich am Lietzensee herumtrieb und in den Wohnungen dort lebte. Wir aus der Philippistraße hatten wenig

5 mit denen zu tun. Der Kaiserdamm war die Grenze. Manchmal begegneten wir ihnen im Park oder beim Einkaufen, das war es schon. Nicht, dass wir verfeindet waren, es war mehr so, dass jeder seine eigene Welt hatte und darin lebte. Oder wie Karim einmal sagte: „Es gibt keinen Grund, die vom Lietzensee zu uns einzuladen, du, das gibt nur Ärger, außerdem sind

10 die reicher." Das schien ein merkwürdiges Argument zu sein, aber es steckte viel Wahrheit dahinter.
Unsere Clique war eine Ansammlung von Straßenkindern, die immer ein bisschen angeschlagen aussahen und bei denen sofort auffiel, wenn sie neue Schnürsenkel hatten. Wir gingen während des Spielens nicht mal

15 schnell in den Supermarkt und kauften eine Cola. Was wir taten, war mit einer leeren Colaflasche zum nächsten Wasserhahn laufen und sie auffüllen. Danach ließen wir die Flasche rumgehen und freuten uns, wenn das Wasser richtig gut kalt war. Uns sah niemand mit einem Geigenkasten aus der U-Bahn kommen, und während die vom Lietzensee

20 sich die Filme am Ku'damm ansahen, standen wir Schlange vor dem LDW, einem verranzten Kino, wo der Eintritt eine Mark fünfzig* kostete und der beste Platz vorne in der ersten Reihe auf dem Boden war. Ständig fiel der Projektor aus oder das Bild sprang wie wild über die Leinwand, und wenn der Film langweilig wurde, schmissen die Leute ihre Eisstiele und Schoko-

25 verpackungen durch die Gegend und pfiffen im Chor. Ob nun reich oder nicht reich, hier in der Disko trafen sich alle. Auch die vom Lietzensee. Und auch die von der Philippistraße.

* etwa 75 Cent

2 Wähle eine der beiden Fragen aus. Gestalte in deinem Heft eine Gedankenblase. Notiere deine Gedanken dazu.

- • Was meint der Erzähler mit folgender Äußerung? „Unsere Clique war eine Ansammlung von Straßenkindern, ... bei denen sofort auffiel, wenn sie neue Schnürsenkel hatten."
- • Was meint der Erzähler mit folgender Äußerung? „Das schien ein merkwürdiges Argument zu sein, aber es steckte viel Wahrheit dahinter."

Die innere und äußere Handlung einer Geschichte erfassen

1 Was erwartest du von einem Freund/einer Freundin? Ergänze den Cluster.

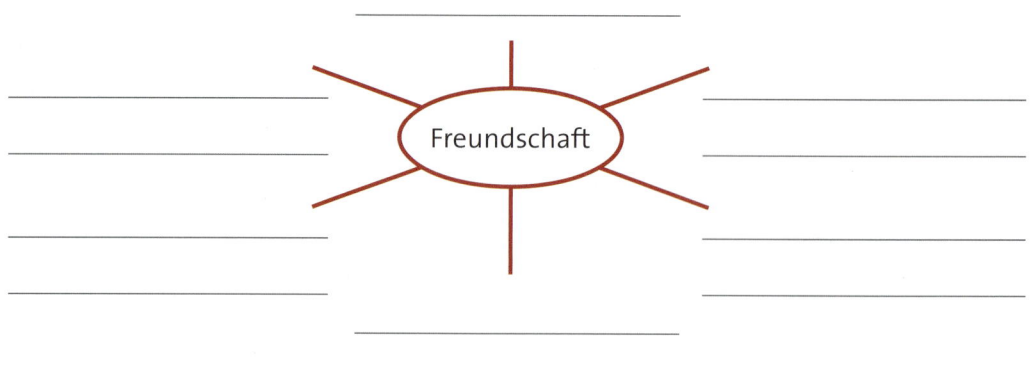

2 Lies den Text. Vergleiche mit deinen Gedanken zum Thema „Freundschaft".

Brigitte Blobel
Die Clique

Ich fand alles immer toll. Was Sonja machte, was sie dachte, wie sie war. Bis vor einem Jahr. Da fing es an, dass Sonja immer etwas mit anderen machen wollte. „Mit was für anderen denn?", habe ich immer gefragt.

„Na, weiß ich nicht, mit welchen aus der Klasse eben, mit mehreren. Ich finde es
5 viel lustiger, wenn man in einer Gruppe etwas unternimmt. Wir öden uns doch bloß noch an, zu zweit."

„Und was willst du unternehmen?" Ich war irgendwie sauer. Vielleicht war ich einfach eifersüchtig, das sagt mein Papa jedenfalls. Ich möchte alle Leute immer für mich haben.

10 „Blödsinn machen", sagte Sonja. „Irgendwas Verrücktes, Spaß haben eben." „Aber wir haben doch Spaß", habe ich gesagt. Ich war irgendwie richtig enttäuscht. Sonja langweilte sich also mit mir. Sie hatte keine Lust mehr, in meinem Zimmer zu sein, sie fand es blöd, wenn wir uns gegenseitig unsere Tagebücher vorlasen. Das waren früher richtige Höhepunkte. Manchmal haben wir uns schlappgelacht über unsere
15 Traurigkeit. Weltschmerz nannte Sonja das immer. Ach ja, Lara und ihr Weltschmerz! Es stimmt ja, dass ich oft so Anwandlungen habe und über alles Mögliche nachdenke. Warum es so ungerecht zugeht auf der Welt, vierhundert Millionen Menschen können nachts nicht einschlafen vor Hunger, zehn Millionen Kinder haben nicht einmal ein Bett für sich alleine. Solche Zahlen machen mich krank. [...]
20 Sonja und ich hatten eine Weile auch ein gemeinsames Hobby. Das war, als wir unsere Kunst-Phase hatten. Da haben wir beide ganze Nachmittage Skizzenblöcke vollgemalt. [...]
Aber dann war die Phase irgendwie vorbei und wir bekamen unsere Fitness-Phase. Da haben wir streng nach unserem Diätplan gelebt und morgens vor der Schule
25 waren wir joggen. [...]
Danach hatten wir die Kino-Phase. Kein Film, den wir nicht zusammen gesehen haben. Bis das Taschengeld alle war und wir uns irgendeinen anderen Zeitvertreib ausdenken mussten, der nichts kostete. [...]

30 Manchmal haben wir Klamotten von meiner Mama angezogen, große Welt gespielt. Oder einen Schönheitstag eingelegt. Gurkenscheiben aufs Gesicht und grüne Strähnchen in die Haare. [...]
Und dann sind wir, nach so einem Schönheitstag, ins *Cockpit* gegangen, eine kleine Eisdiele bei uns um die Ecke. Und haben uns anglotzen lassen und frech zurückgeglotzt. War total komisch. [...]

35 Bevor wir die Clique gründeten, habe ich eigentlich nichts vermisst. Ich habe die anderen in der Klasse nie beneidet, wenn die sich schon gleich auf dem Schulhof zusammengerottet haben und im Pulk ins *Cockpit* gezogen sind. Oder zur Bushaltestelle, um da irgendwelchen Blödsinn zu machen. Am liebsten die Kleinen ärgern oder alte Omis erschrecken. Ich kenne einen Haufen Leute, die allein total nett

40 sind, bloß wenn man sie zusammentut, dann entwickelt sich daraus ein Monster. So eins mit vielen Köpfen, wie heißt das noch mal? Leute in der Gruppe benehmen sich arschig. [...]
In unserer Klasse gibt es zwei richtige Cliquen. Also Gruppen, von denen jeder weiß, wer dazugehört und wer nicht. Mir ging's gut, als Sonja und ich noch nicht

45 zu einer Gruppe gehörten und einfach nur Freundinnen waren. Das fällt mir jetzt so richtig auf, dass ich mich früher viel wohler gefühlt habe. Wie kompliziert das alles geworden ist! Ich mag nicht daran denken.

3 Brigitte Blobel erzählt ihre Geschichte aus der Sicht einer Ich-Erzählerin.
In welcher Zeile findest du den Namen der Erzählerin? Zeile _____

4 Die Erzählerin spricht von drei Freundschaftsphasen. Suche die drei Textstellen auf.
Ergänze dazu die Tabelle.

Bezeichnung für die Freundschaftsphase	Textstelle
_____-Phase	Zeile _____ bis Zeile _____
_____-Phase	Zeile _____ bis Zeile _____
_____-Phase	Zeile _____ bis Zeile _____

5 In der Geschichte wird erzählt, wie Figuren handeln und sprechen.

• Übertrage die Tabelle in dein Heft.
• Notiere drei Textstellen, die die äußere Handlung beschreiben.

Äußere Handlung	Innere Handlung

6 In der Geschichte werden auch Gedanken und Gefühle der Figuren dargestellt.
Notiere in der Tabelle drei Sätze, die etwas über die innere Handlung aussagen.

Die Gedanken und Gefühle einer Figur verstehen

 Lies den Text.

Mikael Engström
Ihr kriegt mich nicht!

Mik ist vom Jugendamt aus seiner Heimatstadt Stockholm in den hohen Norden zu seiner Tante Lena aufs Dorf gebracht worden, weil ihn zu Hause niemand versorgen kann. Seine Mutter ist tot, sein Vater Alkoholiker. Pi, Oskar und die anderen Kinder aus dem Dorf haben eine Geschäftsidee entwickelt: Sie fangen Katzen ein, verstecken sie und bringen sie den Besitzern erst zurück, wenn der Finderlohn aussichtsreich erscheint. Mik hat davon seiner Tante Lena erzählt… ob das schlecht war?

Zwei Tage dauerte es. Dann wusste er: Es war ganz schlecht. Es war scheiß-schlecht. Es war kackschlecht. Kotzschlecht. Es war, als wäre eine große stinkende Bulldogge ins Dorf gewandert und hätte ihn angepisst. Er hätte eine Zeitmaschine gebraucht. Etwas, mit dem er alles zurückspulen und noch-
5 mal machen konnte. [...]
Pi sah ihn nicht mehr. Sie ging einfach vorbei, ging irgendwie durch ihn hindurch. Es wäre viel besser gewesen, wenn sie ihn geschlagen, wenn sie geschrien und gezetert, ihn eingeseift – ja ihn ermordet hätte. Stattdessen war er gar nicht mehr vorhanden, sie sah ihn einfach nicht. Der Einzige, der mit
10 ihm sprach, war Oskar, und der sagte: „Ich darf nicht mit dir sprechen." Also kniff er den Mund zu, bis der aussah wie ein Arschloch.
Lena hatte mit sämtlichen Katzenbesitzern im Umkreis gesprochen und sich für die Kinder entschuldigt. Aber vor allem für Mik, der ihrer Ansicht nach nur von den anderen mit in die Sache hineingezogen worden war.
15 Selbstverständlich wurde die Sache mit den Katzen zum Gesprächsstoff im Dorf.
„Kennt die Frechheit dieser Rotznasen denn gar keine Grenzen mehr?"
„Bestimmt hat das Problemkind solche Einfälle aus Stockholm mitgebracht." [...]
In der Schule hatte die Lehrerin darüber gesprochen, was recht war und was
20 unrecht – über Normen und Regeln und darüber, wie die Menschen miteinander umgehen sollten. Es gab Gruppenarbeit und Mik blieb übrig und gruppenarbeitete allein. Er schrieb darüber, wie die Pest nach Skandinavien gekommen war. [...]
Mik sah von seiner Geschichte hoch.
25 „Doch."
„Sieht aber nicht so aus."
Die Lehrerin ließ den Blick über die Klasse wandern. „Mik muss auch in einer Gruppe dabei sein."
Es wurde still. Irgendjemand kicherte.
30 Die Pausen wurden einsam. Das Hockeyspiel wogte hin und her.
Mik saß auf dem Klettergerüst. Pi schoss ein Tor und stieß einen Jubelschrei aus. Filip wurde wütend, knallte den Schläger auf den Boden und beschimpfte den Torwart. Dann wurde das Spiel unter Geschrei, Gejohle und Jubeln fortgesetzt. Pi wusste, dass er auf dem Klettergerüst saß. Ganz klar, denn wie
35 hätte sie es sonst geschafft, nie herüberzuschauen?

Der Puck rollte zu Mik her und blieb vor seinen Füßen liegen.
Er bückte sich und hob ihn auf. Pi sah in die andere Richtung.
Filip kam, um ihn zu holen. Mik hielt ihm den Puck hin. Filip nahm ihn und
zischte: „Alkoholikerkind."
40 Dann ging das Spiel weiter. Alkoholikerkind, dachte Mik. Das Wort schmeckte
schlecht. Das Wort schmeckte sauer. Das Wort schmeckte nach Kotze. Das Wort
schmeckte nach Schlange.

2 Welche Erzählform nutzt Mikael Engström für seine Geschichte?
Kreuze an und begründe.

Der Autor nutzt die

☐ Ich-Erzählform,

☐ Er/Sie-Erzählform,

weil _____

_____

_____ .

3 Mik wird von der Gruppe der Dorfkinder ausgeschlossen.
Markiere mindestens drei Textstellen, die das belegen.

4 Was denken andere über Mik? Suche die entsprechenden Textstellen heraus.

Tante Lena: _____ (Z. ____)

Dorfbewohner: _____ (Z. ____)

Filip: _____ (Z. ____)

5 Der Autor verwendet im Text mehrmals umgangssprachliche Ausdrücke.
Wähle ein Beispiel aus. Erkläre, warum der Autor dieses sprachliche Mittel nutzt.

_____

_____

_____

_____

_____

6 Wähle eine der beiden Aufgaben aus. Notiere deine Gedanken dazu in dein Heft.

● • Lies die beiden letzten Abschnitte noch einmal. Beschreibe, wie sich Mik
in diesem Moment fühlt.

●●● • Der Autor wiederholt in den letzten drei Zeilen eine Aussage mehrmals
und variiert sie dabei. Wie wirkt diese Textstelle auf dich?
Erkläre, warum der Autor die Wiederholung als sprachliches Mittel nutzt.

Figuren beschreiben

1 Lies den Titel der Geschichte. Woran denkst du? Schreibe sechs Begriffe in den Cluster und ein Thema in die Mitte.

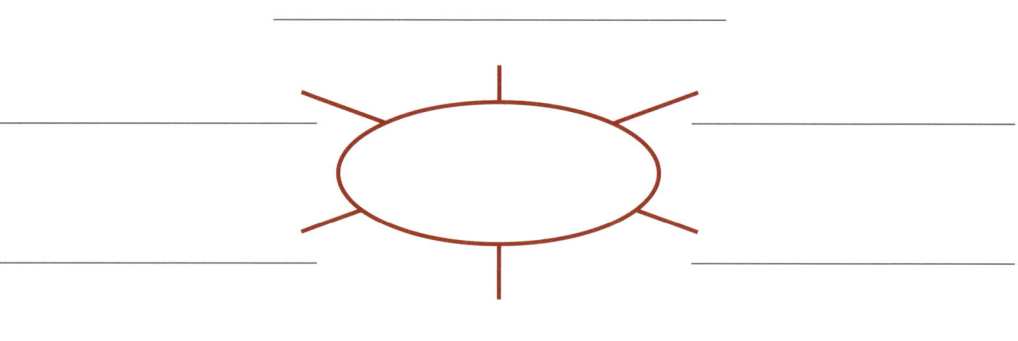

2 Lies den Text und überprüfe deine Vermutungen.

Erhard Dietl
Das Leben ist voll hart

Olli ist 13, zeichnet gern Comics und spielt in einer Band. Als ihn ältere Schüler überreden, bei einer besonderen Kunst-Aktion mitzumachen, gerät Olli in den Verdacht, die Schule mit Graffiti verziert zu haben.

In unserer Schule gibt es so ein paar abgefahrene Sprayer-Typen. Ich wusste, dass sie nachts mit ihren Farbdosen unterwegs sind und am Bahnhof und in der Fußgängerunterführung sprühen. Mich als Zeichner machte die Sprayerei eigentlich auch irgendwie an, aber ich hatte es noch nie selber ausprobiert. Der Anführer
5 der Sprayer hieß Tube. Er ging schon in die Zehnte. Eines Tages fragte er mich, ob ich nicht Lust hätte, bei einer voll verschärften, krassen Kunst-Aktion mitzumachen. Er hatte gehört, dass ich ein geiler Zeichner bin. Tube kaut immer Kaugummi. Ich bin sicher, er kaut ihn sogar im Bett beim Schlafen, und er trägt die ultrahässlichste Hornbrille, die die Menschheit je hervorgebracht hat. Mit so
10 einer Brille müsste er eigentlich Eule heißen. Keine Ahnung, warum ihn alle Tube nennen.
Ich sagte zu ihm: „Logo, Kunst-Aktionen interessieren mich als Comic-Fan immer. Um was geht es denn?"
„Geheimstufe eins", flüsterte Tube. „Du erfährst es heute Abend bei unserem
15 Treffen. Wenn du dabei bist, dann komm um sieben zur Unterführung. Ich will jetzt nur wissen, ob wir mit dir rechnen können." Tube kreuzte den Zeige- und den Mittelfinger und hielt die Hand vor die Brust. „Das ist unser Zeichen", erklärte er. Also machte ich es genauso und Tube meinte: „Krass, Alter, bis heute Abend also."
Ich war gespannt wie ein Flitzebogen, um was es wohl geht bei der Aktion.
20 [...] Schon kurz vor sieben stand ich in der Fußgängerunterführung drüben bei den Bahngleisen und wartete auf die Sprayer. Hier in der Unterführung waren die Wände total voll von früheren Aktionen. [...]
Endlich tauchte Tube auf. Mit ihm kam Florian Senfstengel aus der 9 a. Das war der längste Lulatsch der Welt. Und dann tauchte auch noch Knochen auf. Der hieß so,

25 weil seine Nase mit einem kleinen Silberknochen gepierct war. Seine Haare waren ratzekahl wegrasiert, er wog ungefähr zwei Zentner, und man sah gleich, dass es lebensgefährlich ist, sich mit ihm anzulegen.
Wir kreuzten die Finger zum Gruß vor der Brust.
Tube tat sehr geheimnisvoll. Sie wollten in einer Nacht-und-Nebel-Aktion die
30 Mauern unserer Schule mit knallharten Graffiti verschönern. Voll bunt, die mega-coolen Bilder, und satte zehn Meter lang. Geile Idee, fanden alle. [...]
Auch ich sagte, echt geil, obwohl mir schon ein wenig mulmig bei dem Gedanken war. Die Aktion sollte KAUVG heißen. Das heißt „Kunst-Aktion unter verschärfter Gefahr". Alle hatten ihre Farbdosen dabei. Tube zeigte mir, wie man damit umgeht.
35 Ich sprayte einen blauen Arsch mit Ohren in die Unterführung. So ähnlich, wie ich ihn an unserer Hauswand gesehen hatte. „Wusste ja, dass du begabt bist!", grinste Tube mich an. Dann sind wir rüber zum Güterbahnhof und sprühten auf eine alte Wand neben den Gleisen ein paar Riesenschriftzeichen. Ich dachte, wenn uns jetzt jemand erwischt, ist die Kacke am Dampfen. Tube sagte zu mir, es sei hier absolut
40 null gefährlich und bestimmt kaum verboten. Die verpisste Wand sei doch total alt und sowieso schon voll mit jeder Menge Graffiti.
Plötzlich pfiff Knochen laut durch die Zähne. Zwei Bahnarbeiter kamen über die Gleise gelatscht.

3 Wer ist der Ich-Erzähler? Kreuze an.

☐ Knochen ☐ Tube ☐ Olli ☐ Florian

4 In der Geschichte werden die einzelnen Figuren beschrieben. Ergänze die Tabelle.

	Tube	Knochen
Äußeres		
Eigen-schaften		
Verhaltens-weisen		

5 An einer Stelle im Text erfährst du etwas über Florian.
Suche die Textstelle und notiere die Zeilen. Z. _____ bis _____

6 „Wusste ja, dass du begabt bist!" (Z. _____)
An welcher Stelle im Text sagt Tube das? Suche die Textstelle und notiere die Zeilen. Warum sagt Tube das? Notiere deine Gedanken in deinem Heft.

7 Wähle eine der beiden Aufgaben aus.

• Was erfährst du über Olli? Markiere drei Textstellen.
• Fertige im Heft eine Figurenbeschreibung von Olli an.

Teste dich selbst!

1 Lies den Textauszug. Wer ist die Autorin/der Autor dieser Geschichte? Kreuze an.
Der Autor/die Autorin dieser Geschichte ist

☐ Erhard Dietl   ☐ Zoran Drvenkar   ☐ Brigitte Blobel   ☐ Mikael Engström

Nachdem Karim und ich fast den ganzen Nachmittag vor uns hin gedöst hatten,
tauchten endlich die ersten Jungs auf. Eli, Werner, Christian und Paule, schließlich
auch Adrian, Thomas und Andi mit seinem kleinen Bruder Timo.
Nach kurzer Diskussion kam heraus, dass niemand große Lust hatte, ins Tor zu ge-
5 hen oder den Ball durch die Gegend zu kicken. [...]
Karim kam fast mit allen Dingen klar, darin war er ungeschlagener Meister.
Auch mit Menschen hatte er kaum Probleme. In seiner Art erinnerte er an die Über-
freundlichkeit der Asiaten, die so taten, als ob sie jeden lieben und respektieren
würden. Karim tat nicht so, er wollte nicht jeden lieben, und Respekt hatte er nur
10 seinen Eltern gegenüber; nein, was Karim wichtig fand, das war, mit jedem klarzu-
kommen, auf die eine oder die andere Art und Weise.
Harmonie bedeutete ihm sehr viel.
Der Vergleich mit den Asiaten war übrigens nicht aus der Luft gegriffen. Karim be-
saß zwei Schlitze, wo seine Augen waren, sodass jeder dachte, er wäre Japaner oder
15 Chinese. Er war aber keins von beiden. Seine Eltern kamen aus der Türkei, der Vater
hatte mongolisches Blut in den Adern, das war das ganze Geheimnis.
Wir zwei gingen auf verschiedene Schulen. Wieso Karim unbedingt auf eine
Grundschule in Wilmersdorf musste, war mir ein Rätsel. Meine Schule lag in der
Nehringstraße und war so nahe, da hätte er doch locker jeden Morgen mit mir hin-
20 laufen können. Wir waren im gleichen Alter, das hätte bestimmt Spaß gemacht. [...]
Wahrscheinlich hielten seine Eltern nicht viel von der Nehring-Grundschule.
Sie pflegten bestimmte Gewohnheiten, die uns Rätsel aufgaben.
Haare waren eine davon. Da konnte Karim protestieren, wie er wollte, sein Haar
blieb immer kurz geschnitten und lag als schwarzer Helm um seinen Kopf, sodass
25 die abstehenden Ohren nicht bedeckt wurden. Windschnittig.
Ganz ehrlich, er sah damit schon ein wenig dämlich aus, aber stören tat es keinen,
denn Karim war ein wirklich netter Kerl.

2 Übertrage die Tabelle in dein Heft. Notiere zwei Sätze, die die <u>äußere Handlung</u>
beschreiben. Notiere zwei Sätze, die etwas über die <u>innere Handlung</u> aussagen.

<u>Äußere Handlung</u>	<u>Innere Handlung</u>

3 Ergänze die Figurenbeschreibung.

Karim ist ein Junge mit _____ Haaren und

_____ Ohren. Seine Eltern kommen aus der _____ .

Er geht in _____ zur Schule. Ihm bedeutet _____ sehr viel.

Karim ist ein _____ Kerl.

Schreiben, mailen, chatten

Ein Strukturdiagramm ergänzen

1 Lies die folgenden Texte.

2 Markiere mit unterschiedlichen Farben, was du über Leo und seinen Onkel Sascha erfährst.

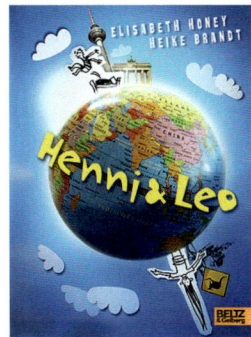

Elisabeth Honey/Heike Brandt
Henni & Leo

Henni ist 13 Jahre alt und lebt in Melbourne. Als sie mit ihrer Familie in der Kesselbucht Urlaub macht, wohnen sie in einem alten Holzhaus, das vor fast hundert Jahren Deutsche gebaut haben. Henni findet überall Spuren der deutschen Familie und würde gerne wissen, was aus ihnen geworden ist. Am Ende des Urlaubs hinterlässt sie einen Zettel, der in die Hände des 13-jährigen Leo gerät. Leo lebt in Berlin. Per E-Mail begeben sich Henni und Leo auf Spurensuche ins Jahr 1913.

Hallo.
Ich bin Leo Schmidt. Ich bin dreizehn. Keine Ahnung, ob das hier was wird, aber ich probier's einfach.
Was anderes kann ich sowieso nicht tun. Ich bin nämlich ans Bett – hmm – gefes-
5   selt, sagt man wohl dazu. Mir ist beim Skifahren einer voll reingebrettert, gleich am ersten Tag. Frohes neues Jahr! Komplizierter Beinbruch, Knie kaputt. Operation, Krankenhaus, nach Hause. Und: Bettruhe. ENDLOS. ÖDE. Vor ein paar Tagen kam mein Onkel Sascha vorbei, mit einem Laptop.
„Hier", sagte er, „als Leihgabe." Pause. Klar, da musste ein Haken dran sein.
10 So ist Sascha. Eh du dich versiehst, zappelst du an seiner Schnur. „Wie wär's denn", sagte er dann, hochgezogene Augenbraue, die linke, „wenn du mal eure Briefe übersetzt?" [...]
Da habe ich mir erst mal ein paar Spiele runtergeladen.
Aber ein Tag kann so was von lang sein! Und die ganze Zeit hat mich von dem
15 Regal gegenüber Hennis Zettel angeglotzt, so, als wollte er sagen: *Mach schon, Leo!*
Mit dem Zettel hat nämlich alles angefangen. Genau, der kam auch von Sascha.
Sascha ist Dokumentarfilmer und reist dauernd irgendwohin. Das letzte Mal war er in Australien, in einer total entlegenen „Kesselbucht", mit riesigen Eukalyptusbäumen und einem Wahnsinnsstrand. Dort hat er ein altes Holzhaus entdeckt,
20 in dem vor fast hundert Jahren deutsche Einwanderer gelebt haben, eine Familie Schmidt mit drei Kindern, der Älteste hieß Leopold. Unter dem Haus stand eine Kiste mit deutschen Büchern und in der Kiste hat Sascha auch noch eine Art Flaschenpost gefunden: einen Zettel aus der heutigen Zeit, mit einer Adresse in Australien. Und den hat er mir mitgebracht. „Ist das nicht ein netter Zufall, Leo Schmidt?",
25 hat er zu mir gesagt. „Schreib doch mal hin, damit dein Englisch nicht einrostet."
Mein Englisch. Das war die Voraussetzung für alles. Sonst hätten wir uns nie schreiben können. Und wir hätten nie die irre Geschichte rausgekriegt, die sich vor fast hundert Jahren abgespielt hat, die aber trotzdem eine Menge mit heute zu tun hat.
Dabei musste ich auch schon mal übersetzen, manchmal blitzschnell. [...]

An:	henni@biqpond.au
Betreff:	

Berlin, Donnerstag, 1. September, 18:14

Hallo, Henni!

Mein Onkel Sascha hat deinen Zettel gefunden, ja, unter einem Haus. Er war in Australien, weil er einen Dokumentarfilm über Surfer macht. Sascha ist

5 der neugierigste Mensch der Welt. Wenn einer deinen Zettel finden konnte, dann er. Er hat sogar jemanden nach deinem Leopold Schmidt gefragt, einen Motorradfahrer. Aber der hat ihn bloß angeschnauzt: „Lass die Toten ruhen!" Sascha hatte nicht viel Zeit, sonst hätte er versucht, mehr rauszukriegen, jede Wette. Sascha stöbert überall rum – in Höhlen und alten Burgen und kaput-

10 ten Fabriken, an einsamen Seen –, einfach überall, meistens zusammen mit Tania, seiner Freundin und Regisseurin. Und die beiden bringen mir immer was mit: einen Pferdezahn, einen Stein mit einem Gesicht, eine kleine Marmorfigur ohne Kopf, ein rostiges Eisenbügeleisen. Ich habe ein extra Regal für meine Sammlung – und da liegt jetzt auch dein Zettel. Das erste Stück aus

15 Australien.

3 Ordne die Informationen über Onkel Sascha.
Ergänze das vorgegebene Strukturdiagramm.

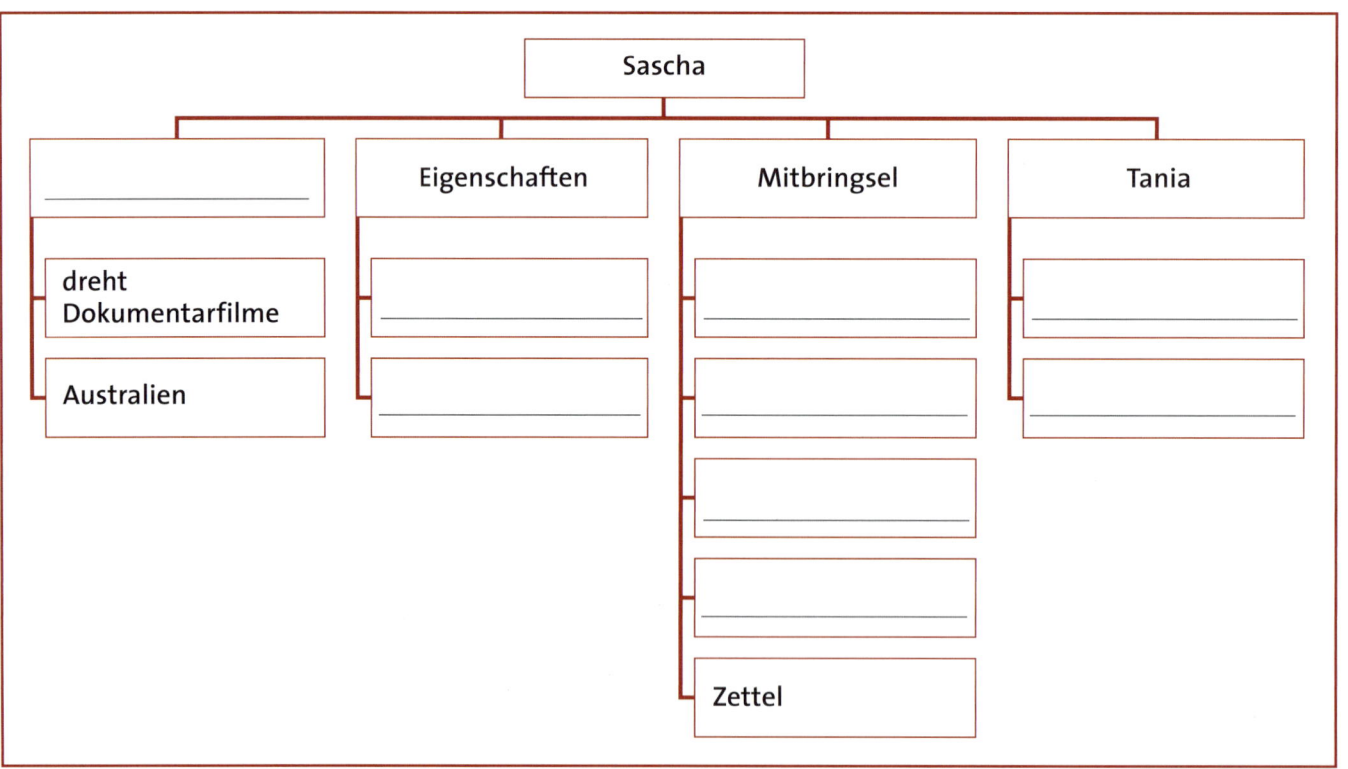

Informationen aus Texten entnehmen

1 Henni schreibt den Zettel an einen unbekannten Leser. Schreibe auf, worum sie ihn bittet. Erkläre, welche Informationen für den Leser des Zettels wichtig sind.

> An den Leser oder die Leserin dieses Zettels!
>
> Ich heiße Henni Octon und ich habe mit meiner Familie hier in diesem Haus Ferien gemacht. Ich habe mir das Kinderbuch „Schweinchen schlachten, Würstchen machen, Quiek-Quiek-Quiek" ausgeliehen, weil mir die Wörter gefallen, obwohl ich sie nicht verstehe. Ich bin bereit, es jederzeit zurückzugeben. Und: Falls du mit dem Leopold Schmidt verwandt sein solltest, der 1915 hier gelebt hat, bitte schreibe mir:
>
> Henni Octon
> 51 Stella Street
> Baker's Hill 3771
> Australia

2 Leo hat geantwortet und eine Postkarte an Henni geschrieben. Lies die folgende Antwortmail von Henni. Überlege anschließend, was Leo geschrieben haben könnte. Entwirf den Text der Postkarte und schreibe ihn in dein Heft.

An:	leo.schmidt@berlin.de
Betreff:	

Melbourne, Wednesday 31 August 5:02 pm

Leo Schmidt!!!!!!!!!!!!!!!!!!!!!
Das kann nicht wahr sein!
Das ist doch ein Witz!
5   Oder?
Und du lebst in Berlin?
Normal normal normal Schule Hausarbeiten normal normal normal
Postkarte aus Berlin!!!
MenschLeo! Ich hab gedacht, es dauert sechzig Jahre, bis jemand meinen Brief
10   findet, aber nicht sechs *Monate!*
Wie ist dein Onkel an den Zettel gekommen? Bist du mit dem Leopold
Schmidt von 1915 verwandt? Und weißt du, was aus den Schmidts geworden
ist, nachdem sie aus der Kesselbucht weg sind? Ich weiß, dass Schmidt das-
selbe ist wie Smith, also ein ganz gewöhnlicher Name, aber trotzdem ist das
15   ein dicker, fetter Zufall.
Antworte mir bald, LEO SCHMIDT in Berlin, wenn du das wirklich bist.

Henni Octon (die sich in den Arm kneift)

3 Lies die folgenden Mails. Markiere, was du über den Inhalt der Kisten erfährst. Erstelle in deinem Heft eine Liste über alle Gegenstände.

An:	leo.schmidt@berlin.de
Betreff:	

Melbourne, Wednesday 28 September 8:24 pm

ICH KRIEGE DIE BÜCHER AUS DER KESSELBUCHT!

Es war ganz leicht.

Mr Barnett, der Hausbesitzer, ist sehr großzügig und redet gern. Es tut ihm leid, dass sie das Haus verkaufen, aber seiner Familie ist die Kesselbucht zu
5 weit. Er fragte, ob ich es kaufen will, und ich habe gesagt: „Ja, wenn es nicht mehr als $ 27,40 kostet."

Ich habe mit ihm über die Schmidts gesprochen. Er findet die Geschichte auch ziemlich rätselhaft. „Irgendwas stimmt da nicht", hat er gesagt.

10 Auf der Kaufurkunde für das Grundstück haben die Schmidts eine Adresse in der Nähe von Horsham angegeben, das ist eine Stadt in der Wimmera, nordwestlich von Melbourne, wo es viel Landwirtschaft gibt. Wahrscheinlich sind die Schmidts von dort in die Kesselbucht gezogen. Wäre es nicht extrem, eine lebende Verbindung zu finden – (Trrrrrrrrrrommelwirbel!) Nachkommen der
15 Schmidts? Die würden wissen, warum die Familie so plötzlich verschwunden ist.

Hey – *die* sollten das Haus kaufen!

Ich fahre mit Tibor in die Kesselbucht, nicht an diesem Wochenende, sondern am nächsten, um die Sachen zu holen.

20 Hausarbeiten. Bäh.

Melde dich

Henni

An:	leo.schmidt@berlin.de
Betreff:	

Melbourne, Saturday 15 October 12:03 pm

– GIBT'S WAS NEUES? Ja!*[1]

Die Schmidt-Schatztruhe!

Mein Zimmer ist ein deutsches Museum. Jetzt liegt alles aus den drei Kisten von der Kesselbucht auf meinem Bett, auf dem Fußboden, auf dem Schreib-
5 tisch, auf dem Stuhl, überall:

Ein altes, sehr abgegriffenes Fernglas.

Vier Briefe in einer merkwürdigen Schrift, mit einem Absender aus Horsham. (Mr B. hat doch gesagt, die Schmidts waren aus Horsham? Könnte ein wichti-
10 ger Hinweis auf die lebende Verbindung sein!)

Der Plan eines Gebäudes – nur eine Bleistiftskizze – aber hübsch gezeichnet.

In einem Raum steht das Wort Werkstaht? Oder Werkstatt? Was heißt das?

Das Blatt lag zusammengefaltet in einem riesigen illustrierten Lexikon.

1 Henni hat keinen Schimmer von Deutsch, findet aber deutsche Wörter lustig und hat immer mal
5 wieder welche eingestreut. Ich mach Sternchen * dran, damit man weiß, welche das waren.

Ein Buch über eine deutsche Frau, Amalie Dietrich. Die muss was mit der australischen Wildnis zu tun gehabt haben, denn in dem Buch sind Bilder von unseren Vögeln und Schlangen.
Eine Schmetterlingssammlung.
Eine niedliche, kleine Flasche, ungefähr so groß wie eine Garnrolle.
Und Buch*! Buch*! Buch*!!! über Vögel, Pflanzen, Schmetterlinge, Naturzeugs und übers Häuserbauen, Tischlern usw. Ein Vogelbuch ist sehr zerfleddert, und da drin sind mit Bleistift Notizen über Orte, an denen sie wahrscheinlich die Vögel gesehen haben. Ich habe es zu dem Fernglas gelegt. Die waren echte Vogelfans!
Und hier – ich habe eine Gänsehaut bekommen, als ich das fand – *The Victorian Reading Book, Class II* [Das Viktorianische Lesebuch, Klasse II]. Außen drauf stand: Leopold Schmidt 1913

Innen drin lagen gepresste Blumen. Dann, zwischen zwei Seiten über *Our Motherland* [Unser Mutterland] ein Zettel mit Englischübungen von Leopold – in seiner Schrift! Das werde ich alles scannen und dir schicken. Seine Bücher sind auch dabei, alle auf Englisch – *Die Schatzinsel*, *Moby Dick*, *Die Abenteuer des Huckleberry Finn* und so weiter. Im Vogelbuch war ein Zettel von Konrad, der könnte wichtig sein. Auf der Rückseite steht das Datum: 15. Januar 1916. Die erste Zeile kann ich verstehen: *Meine ... Bettina, mein ... Sohn Leopold.* Zwei Zeilen weiter steht das Wort *die* – vielleicht soll das heißen, für den Fall, dass ich sterbe? [Henni liest das deutsche Wort „die" wie das englische „die" und das heißt „sterben". Leo] Den Zettel scanne ich als Erstes. Da steht auch so was wie ein Name drin – Ting Tang Tellerlein – ob das Chinesisch ist?

Erst war ich enttäuscht, weil mir keiner aus der Familie beim Auspacken der Kisten helfen wollte, aber jetzt bin ich froh. Ich habe alles alleine durchstöbert, um was über Konrad und Bettina, Gretel, Christa und Leopold rauszufinden. Drei Stunden sind vergangen wie nix.
Der früheste Brief stammt aus dem Jahr 1913. Die Schmidts waren früher in der Kesselbucht, als wir gedacht haben. Aber alle Briefe sind auf DEUTSCH! Könnte genauso gut auf Marsianisch sein.
Uih! Ich höre gerade Mum und Dad kommen und ich hätte Essen machen sollen!
Die Übersetzung! Bitte nicht vergessen. Melde dich!
H

Konrads Zettel.jpg

Lesebuch.jpg

Berlin, Montag, 24. Oktober, 22:26

Das war meine erste Übersetzung für Henni – vom Deutschen ins Englische. Und ich tippe Konrads Zettel auch gleich noch mal ab, weil seine Handschrift vielleicht schwer zu lesen ist. Henni hat das für mich mit englischen Handschriften später auch so gemacht – und das war gut. Leo

> Meine geliebte Bettina, mein lieber Sohn Leopold!
> Da ich nicht weiß, was in diesen unsicheren Zeiten auf uns zukommen mag, habe ich die Papiere an einem sicheren Ort deponiert. Für den Fall, dass wir getrennt werden sollten, denkt an Ting Tang Tellerlein! Dann werdet ihr sie gewiss finden.
> Kopf hoch! Wir haben schon Schlimmeres überstanden!
> Es umarmt Euch Euer getreuer Ehemann und Vater.
> Konrad

4 Ergänze den Stammbaum der Familie Schmidt.

Bettina Schmidt

5 Henni und Leo sind vom Inhalt des Zettels bestürzt. Was wollen sie bei ihren weiteren Recherchen vor allem wissen? Formuliere zwei Fragen.

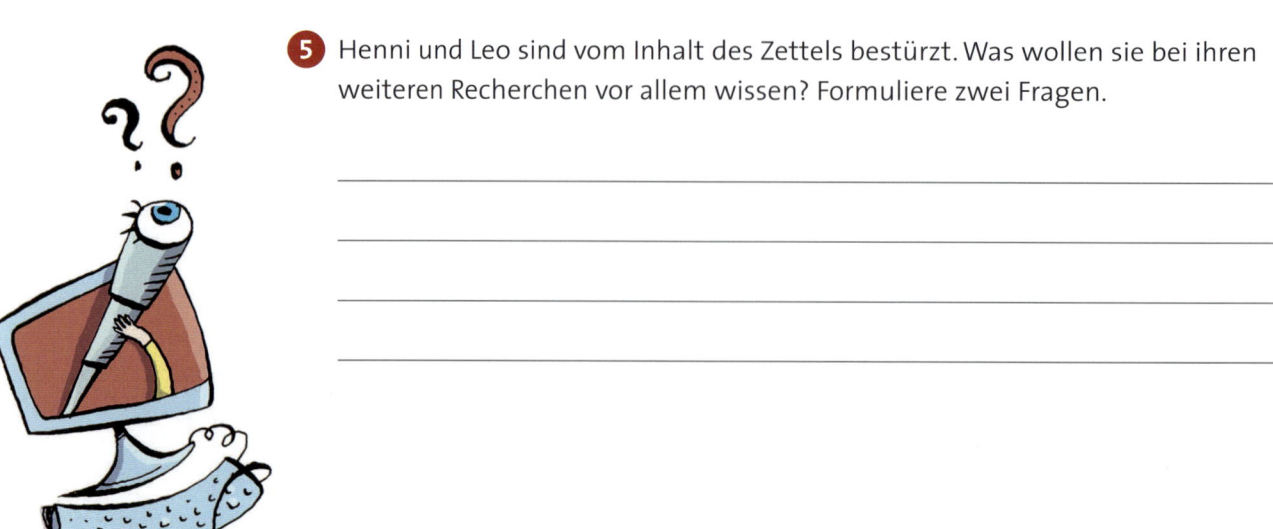

_____

_____

_____

_____

Eigene Texte verfassen – eine Geschichte weiterschreiben

1 Lies die folgende E-Mail von Henni. Vergleiche den Text mit dem Brief von Konrad (Seite 18). Achte auf die Anrede und die Grußformel. Was fällt dir bei der Wortwahl und dem Satzbau auf? Trage deine Ergebnisse in die Tabelle ein.

| An: | leo.schmidt@berlin.de |
| Betreff: | |

Melbourne, Monday 17 October 5:45 pm

Hallo? Jemand zu Hause?

Du hast gesagt: Bis nächste Woche. Gestern war die Woche um.
Was sagst du zu meinem Schatz!!! Ich habe mir Leopold vorgestellt, wie er in
5 einer Art Klassenzimmer sitzt, auf einer groben Holzbank, sorgfältig die Blumen zum Pressen ins Buch legt oder was schreibt und dabei immer wieder
hoch in die Eukalyptusbäume zu den Rosellas blickt. Die Schmidts wollten alles wissen! Leopold muss schnell Englisch gelernt haben, wenn er die Romane
lesen konnte. Ich glaube, die Schmetterlinge haben die Schmidts selber ge-
10 sammelt. Drei Sorten habe ich erkannt. Ich habe ein Buch nach dem anderen
durchgeblättert, weil ich immer noch hoffe, ein Foto von der Familie zu finden. Bis jetzt Fehlanzeige.
Hast du den Anhang mit dem Zettel von Konrad bekommen, den ich übersetzt haben möchte? [...]

15 Bitte die Übersetzung
Melde dich bald, Fußballer
H

	E-Mail	Konrads Brief
Anrede		
Grußformel		
Wortwahl		
Satzbau		

2 Informiere dich zu folgenden Fragen:

- Wie lange war ein Schiff um 1900 von Deutschland nach Australien unterwegs?
- Unter welchen Bedingungen reisten die Auswanderer?

3 Stelle weitere Fragen und nutze das Internet als Informationsmedium.
Bereite deine Erkenntnisse für ein Referat auf, das du vor der Klasse hältst.

4 Schreibe in dein Heft, wie es mit Henni und Leo weitergehen könnte.

Teste dich selbst!

❶ Die Betreffzeile ist das Erste, was der Empfänger einer E-Mail liest. Lies beide E-Mails und formuliere passende, kurz gehaltene Betreffzeilen.

An:	henni@biqpond.au
Betreff:	

Bettina hat eben reingeguckt und gefragt: „Schreibst du gerade an das Mädchen? (Betonung auf *Mädchen*) Sag ihr, dass die Auswandererschiffe von Bremerhaven oder Hamburg abgefahren sind. Die nach Australien hauptsächlich von Bremerhaven."
Na ja, das wirst du ja jetzt nicht mehr brauchen. Kannst du mailen, wenn du verreist? Fährst du überhaupt weg? Du hast ein Glück! Ich muss noch zwei Wochen warten, bis wir Herbstferien haben. Wir bleiben hier. Meine Eltern müssen arbeiten.

An:	leo.schmidt@berlin.de
Betreff:	

Bettina, vielen Dank für die Information über die Auswandererschiffe und Bremerhaven.
Warum ziehen Leute aus Deutschland in die Kesselbucht? Wenn sie da niemanden kennen? An so einen abgelegenen Ort gerät man nicht zufällig. Da geht man mit Absicht hin. Und Konrad Schmidts Haus ist für Jahrhunderte gebaut – aber trotzdem ist die Familie ganz plötzlich aus der Kesselbucht verschwunden. Ich bin sicher, dass sie zurückkehren wollten. Was ist da schiefgelaufen? [...]

❷ Leo und Henni versuchen, das Worträtsel auf Konrads Zettel zu lösen. Leider ist die Reihenfolge der Mails durcheinandergeraten. Ordne sie, indem du sie nummerierst.

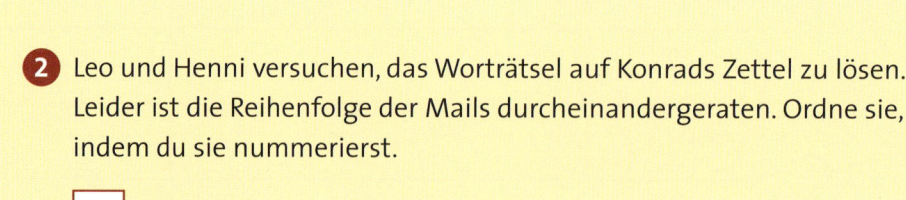

Kannst du jetzt bitte versuchen rauszukriegen, was Ting Tang Tellerlein bedeutet? Das stand auf Konrads Zettel aus den Bücherkisten der Schmidts – erinnerst du dich? Den du übersetzt hast?

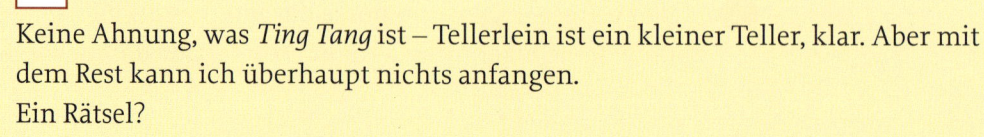

Keine Ahnung, was *Ting Tang* ist – Tellerlein ist ein kleiner Teller, klar. Aber mit dem Rest kann ich überhaupt nichts anfangen.
Ein Rätsel?

ICH HAB'S GEFUNDEN!!
DRITTE STUFE VON OBEN!!!
EINE KEKSDOSE!
Alle Stufen bestehen aus dicken Steinen, nur die dritte von oben nicht! Da sind kleinere Steine. Ich habe den mittleren Stein rausgezogen, dahinter war eine kleine Höhle – und da war's! In einem wasserdichten Beutel steckte eine deutsche Keksdose, und in der war ein Umschlag mit einer Quittung und einem Brief, den Konrad unterzeichnet hat.
Leo, den Biddles gehört gar nicht das Land, auf dem ihr Laden steht!

Ting Tang Tellerlein muss ein Kinderlied sein. Die Wörter graben sich so ins Hirn ein, dass es einen verrückt macht. Kleine Teller für Zwerge ...? Okay, jetzt sollte ich das hier mal abschicken. Dad sitzt nicht mehr an seinem Computer, alle schlafen.

Sag Henni, ich habe was zu Konrads Ting Tang Tellerlein gefunden. Eine Kundin hat sich an einen Vers erinnert:
Ting Tang Tellerlein!
Wer sitzt in diesem Turm?
In der nächsten Zeile war von einem Mädchen die Rede, aber mehr wusste die Kundin nicht. Tja – in der Kesselbucht gibt es keinen Turm. Also hilft uns das auch nicht weiter. Aber ich bleibe dran.

Ting Tang Tellerlein – ich habe dir ja gesagt, dass Tellerlein ein kleiner Teller ist. Das andere habe ich noch nicht gehört. Ich habe Bettina gefragt. Nichts. Aber sie hat gesagt, das klingt wie aus einem Märchen. Vielleicht was mit Zwergen? Einer der sieben Zwerge sagt: Wer hat von meinem Tellerlein gegessen?

NICHT AUFGEBEN, HENNI!
WIR HABEN ES GEFUNDEN!
Nachdem wir mit klopfendem Herzen (also ich jedenfalls) deine Mail gelesen haben, hat Felix mich zur Seite geschoben und dabei gesagt: „Wie blöd kann man eigentlich sein?" und hat Ting Tang Tellerlein gegoogelt – und ZACK! da war's [...]

Ting Tang Tellerlein,
wer klopft an meine Tür?
Ein wunderschönes Mägdelein,
das sprach zu mir:
Erster Stein, zweiter Stein, dritter Stein
soll bei mir sein.
Eins – zwei – drei.

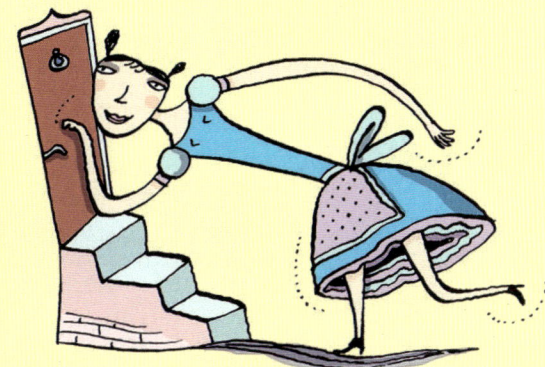

Natur erleben in Gedichten

Sprachliche Gestaltungsmittel kennen

1 Lies das Gedicht. Wie wirkt es auf dich? Kreuze an bzw. ergänze.

☐ heiter ☐ geheimnisvoll ☐ beruhigend

☐ düster ☐ _____

Georg Heym
April

Das erste Grün der Saat, vom Regen feucht,

zieht weit sich hin an niedrer Hügel Flucht.

Zwei große Krähen flattern aufgescheucht

zu braunem Dorngebüsch in grüner Schlucht.

Wie auf der stillen See ein Wölkchen steht,

so ruhn die Berge hinten in dem Blau, ———— *Personifizierung*

auf die ein feiner Regen niedergeht,

wie Silberschleier, dünn und zitternd grau.

2 Welches Bild entsteht beim Lesen des Gedichts in deinem Kopf?
Zeichne es in deinem Heft auf.

●●● **3** Fasse Überschrift und Inhalt in einem Satz zusammen. Schreibe in dein Heft.

4 Lies die Erklärung der sprachlichen Gestaltungsmittel.
Ordne den unterstrichenen Wörtern und Wortgruppen im Gedicht die sprachlichen
Gestaltungsmittel zu.

Sprachliche Gestaltungsmittel

Personifizie-rung	Naturerscheinungen oder Gegenstände werden vermensch-licht, sie verhalten sich wie Menschen.
Vergleich	Etwas wird miteinander verglichen; „wie" , „als (ob)" oder „so" weisen auf den Vergleich hin.
Metapher	Wort wird nicht in seiner eigentlichen Bedeutung gebraucht, sondern bildlich, im übertragenen Sinn.

Das lyrische Ich in Gedichten untersuchen

1 Lies die drei Gedichte. Ordne den Gedichten die passenden Titel zu:

Kalter Tag   **Ein grünes Blatt**   **Mai**

Eva Strittmatter

Der Pirol flötet in der Frühe.
Die Höfe sind vom Flieder blau.
Und wenn ich mich hinausbemühe,
fällt auf mich der Morgentau.

Theodor Storm

Ein Blatt aus sommerlichen Tagen,
Ich nahm es so im Wandern mit,
Auf dass es einst mir möge sagen,
Wie laut die Nachtigall geschlagen,
Wie grün der Wald, den ich durchschritt.

Josef Guggenmos

Schnee stiebt von den Dächern.
Grau kriecht aus Kaminen der Rauch.
Wo sind meine Schwalben? Woanders.
In Gedanken bin ich es auch.

2 Unterstreiche in allen Gedichten die Zeilen, in denen du das Wort „ich" findest.

3 Wähle ein Gedicht aus. Untersuche *das lyrische Ich* im Gedicht.
Ergänze die Tabelle.

Titel des Gedichts	
Welches jahreszeitliche Ereignis wird beschrieben?	
Welche Gedanken und Gefühle über das Ereignis werden mitgeteilt?	
Wer könnte der Sprecher sein?	

Beziehungen zwischen Mensch und Natur in Gedichten entdecken

Gerald Jatzek
Wunder

Ein Stamm
mit fünfzehn Ästen
mit fünfhundert Zweigen
mit fünftausend Kirschen
mit fünftausend Kernen.
In jedem Kern
ein Stamm
mit fünfzehn Ästen
mit fünfhundert Zweigen
mit fünftausend Kirschen
mit fünftausend Kernen.
In jedem Kern
ein Stamm.

Doris Mühringer
Zittern der Bäume

Hättest du Seelenhaare
fein
wie die Schnurrbartspitzen von Katzen
du fühltest das Zittern der Bäume
wenn du zu ihnen gehst
mit der Axt

Erich Kästner
Trostlied im Konjunktiv

Wär ich ein Baum, stünd ich droben im Wald.
Trüg Wolke und Stern in den grünen Haaren.
Wäre mit meinen dreihundert Jahren
noch gar nicht sehr alt.

Volker Braun
Der Baum

Die roten Blätter liegen im Gras.
Sie hingen gestern alle am Baum.
Nun ist der Baum kahl
Und er hat noch einen Traum.

Er träumt, dass er im dicken Stamm
Schon all die neuen Blätter hält.
Da tut ihm der kalte Schnee nicht weh,
Wenn er auf ihn fällt.

Hans Manz
Auf Bäume klettern

Ausschau halten
nach Steuerbord:
Land in Sicht.

Sich einnisten:
Jeder Ast ein Stockwerk,
die Krone eine Wohnung,
das Laub der Vorhang.

Herabblicken
auf Menschlein,
die das Baumklettern
längstens vergessen haben.

Max Bewer
Pflanz einen Baum

Pflanz einen Baum,
Und kannst du auch nicht ahnen,
Wer einst in seinem Schatten tanzt,
Bedenke, Mensch:
Es haben deine Ahnen,
Eh' sie dich kannten,
Auch für dich gepflanzt!

1 Lies die Gedichte. Welche zwei Gedichte gefallen dir besonders?
Umrahme sie farbig.

2 Vergleiche die beiden Gedichte. Ergänze die Tabelle.

Titel des Gedichts		
Autor/Autorin		
Was erfährst du über die Bäume?		
Welche Beziehung zwischen Mensch und Natur wird beschrieben?		
Wie wirkt das Gedicht auf dich?/ Welche Stimmung wird ausgedrückt?		

3 Wähle eine der unterstrichenen Textstellen aus. Erkläre, wie du die Verse verstehst.

Personifizierung erkennen

1 Lies das Gedicht „Sommertag". Welche Strophe gefällt dir besonders? Rahme sie ein.

Erwin Moser

Sommertag

Der Duft der Lindenblüten
steht in den Gassen

Das Unken der Unken
schwebt aus den Tümpeln

5 Das Pfeifen der Lokomotive
spaltet die Stille

Das Bongen der Mittagsglocken
verweilt in den Himmeln

Das Zwitschern der Spatzen
10 musikt in den Bäumen

Das Schnattern der Enten
hüpft über die grünen Gründe

Das Lärmen der Kinder
spritzt golden herüber

15 Die Giebel der Stadel
schauen sich an

Sommertag

Der Duft der Lindenblüten
schwebt _____ in den Gassen

Das Unken der Unken
_____ aus den Tümpeln

Das Pfeifen der Lokomotive
_____ die Stille

Das Bongen der Mittagsglocken
_____ in den Himmeln

Das Zwitschern der Spatzen
_____ in den Bäumen

Das Schnattern der Enten
_____ über die grünen Gründe

Das Lärmen der Kinder
_____ golden herüber

Die Giebel der Stadel
_____

2 In jeder Strophe findest du eine Personifizierung.
Unterstreiche dazu jeweils Subjekt und Prädikat.

3 Schreibe ein Parallelgedicht.
Ersetze das Prädikat durch ein anderes passendes Verb.

4 Vergleiche mit einem Partner/einer Partnerin.
Tragt eure Texte abwechselnd vor.

5 Lies das Gedicht „Winter". Welches sprachliche Bild gefällt dir besonders gut?
Rahme die betreffende Strophe ein.

Hans Manz

Winter

Über den Bergrücken

läuft eine Gänsehaut.

Die Bergnase

schnupft den Rotz hoch.

5 Der Hügelfuß

zieht sich die Stiefel über.

Der Flussarm

schlüpft in den wollenen Ärmel.

Nur die Landzunge

10 kümmert sich nicht um die Kälte

und leckt das Eis vom gefrorenen See.

Frühling

_____

_____

_____

_____

_____

_____

_____

_____

_____

_____

_____

6 Wähle ein Beispiel für eine Personifizierung aus. Male ein Bild dazu.

7 Wähle eine der beiden Aufgaben aus.

- Schreibe eine der Strophen um. Wähle statt Winter den Frühling.
- Schreibe einen Paralleltext über den Frühling.

Vergleiche suchen

 Lies die Gedichte.

Ralf Rothmann
Betrachtung des Apfels

Er sieht uns an
als wären wir vom Baum gefallen.

Schweigend
sagt er alles.

5 Er benötigt keine Ohren
er schmeckt wie Musik.

Kaum auszudenken
wie weise er ist.

Blätternd im Wind
10 lesend die bittere Schrift des Regens
lüftet er das Geheimnis des Lebens

und behält es für sich.

Er ist ein Dickkopf.
Ob der Hagel ihn prügelt
15 ob das Obstmesser blitzt

Im Kern seines Herzens bewahrt er den Traum

einer blühenden Zukunft

eines Glücks

ohne Wurm

Vera Ferra-Mikura
Was meinst du dazu?

Ein Mausloch ist winzig,
doch die Maus passt hinein.

Die Sterne sind riesig,
doch wir sehen sie klein.

5 Das Veilchen am Waldrand
bemerken wir kaum.

Für die Grille auf dem Boden
ist das Veilchen ein Baum.

Was dem einen eine Hütte,
10 ist dem anderen ein Palast.

Eine Krume, die du wegbläst,
schleppt der Käfer als Last.

_____

_____

_____

_____

Mascha Kaléko
Der Herbst

Ich bin, das lässt sich nicht bestreiten,
Die herbste aller Jahreszeiten:
Raue Winde, scharf wie Säbel,
Welke Wälder, graue Nebel.

Die Vögel klagen leise, leise
Und gehen auf die Winterreise.
Dann lischt die Sommersonne aus.
Holt eure Gummischuhe raus!

Josef Guggenmos

Wäre die Wolke ein Kissen

Die Wolke, was ist sie? Wir wissen,
ein Ding wie Nebel und Rauch.
Wäre die Wolke ein Kissen
und läge ich drauf auf dem Bauch,

5 flög ich, vom Winde geschoben,
und sähe hinab auf das Land.
Ich sähe die Heimat von oben
wie eine geöffnete Hand.

Die Fluren, die waldigen Kuppen,
10 die Stadt, ins Stromland gestellt.
Die Menschen wie winzige Puppen
und jeder Mensch eine Welt.

2 Markiere in den Gedichten alle Vergleiche, die du entdeckst.

3 Wähle einen Vergleich aus. Notiere die Wortgruppe bzw. die Verse. Erkläre, was du dir darunter vorstellst.

_____

_____

_____

_____

4 Wähle eine der beiden Aufgaben zum Gedicht „Was meinst du dazu?" aus:

- Zeichne in deinem Heft ein Bild zu einem Vergleich im Gedicht.
- Schreibe das Gedicht weiter. Suche einen weiteren Vergleich
  und ergänze das Gedicht.

5 Mascha Kaléko beschreibt in ihrem Gedicht den Herbst als „die herbste aller Jahreszeiten". Wähle eine Jahreszeit aus und beschreibe sie auch mit einem passenden Superlativ.

Der _____ ist _____ aller Jahreszeiten.

6 Welche Gedanken gehen dir beim Lesen des Gedichts „Betrachtung des Apfels" durch den Kopf? Zeichne einen Apfel in dein Heft. Schreibe deine Gedanken in den Apfel.

Metaphern suchen

1 Lies die Überschrift des Gedichts. Woran denkst du?
Schreibe sechs Begriffe in den Cluster.

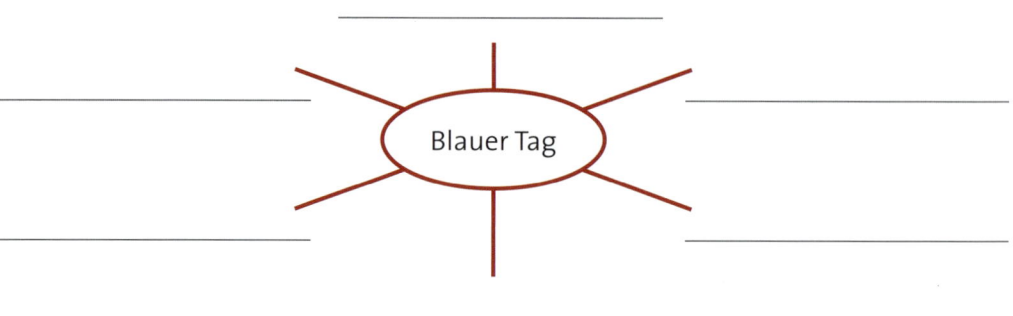

2 Lies das Gedicht. Vergleiche mit deinen Gedanken.

> *Eva Strittmatter*
> **Blauer Tag**
>
> Der Rauchgeruch der Frühe im September.
> Das Gräsergrün ergraut vom Tau.
> Tief fahren Wolken. Wie November.
> Doch über ihnen ist ein Blau,
> 5 Ein Osterblau, ein Lebensblau,
> Ein Blau aus allen Ewigkeiten,
> Ein Blau zum Fliegen. Und der Welt
> Müsste man *einen* Tag bereiten
> So rein wie dieses reine Blau
> 10 Und ungetrübt vom grauen Tau.

3 Suche im Gedicht Beispiele für Metaphern. Unterstreiche die Textstellen.

4 Wähle ein Beispiel für eine Metapher aus. Erkläre, wie durch die Zusammenfügung
der Wörter eine neue Bedeutung entsteht.

_____

_____

_____

_____

_____

Teste dich selbst!

1 Lies das Gedicht von Manfred Mai. Wie wirkt es auf dich?
Kreuze an.

☐ heiter ☐ traurig ☐ nachdenklich ☐ beruhigend ☐ düster

Manfred Mai

Unser Platz

Vor zwei Wochen
haben wir
auf diesem Platz noch
gespielt
5 Jetzt ist da
ein großes
Loch
und bald
wird ein großes
10 Kaufhaus
auf unserem Platz
stehen

Mein Lieblingsplatz

_____

Vor _____

habe ich

_____ noch

_____

Jetzt ist da

_____

_____

und bald

wird _____

_____

_____

_____

_____

2 Schreibe einen Paralleltext über deinen Lieblingsplatz.
Notiere dir zur Vorbereitung einige Stichpunkte:

Wie heißt dein Lieblingsplatz? _____

Was war vor einiger Zeit anders als heute?

vor _____ : _____

_____

jetzt: _____

_____

Wenn jemand eine Reise tut ...

Eine Mindmap ergänzen

1 Betrachte die noch unvollständige Mindmap. Lies anschließend den Text auf S. 33–35, auf den sich die Mindmap bezieht.

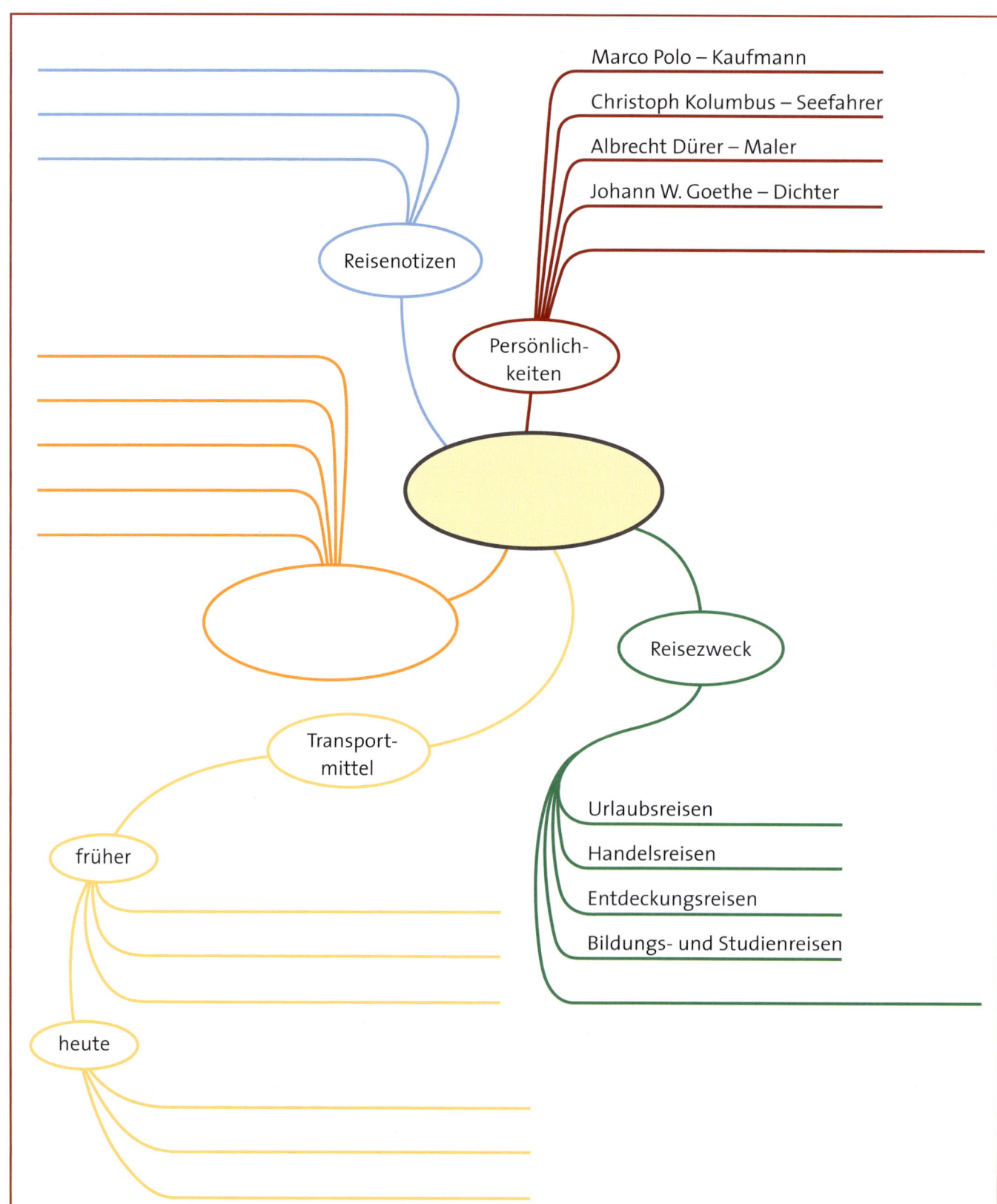

Reisen, reisen in die weite Ferne …

1

Urlaubsreisen, Erholungsreisen, Vergnügungsreisen, Abenteuerreisen, Sprachreisen, Dienstreisen – all diese Begriffe machen deutlich, dass das Reisen die Menschen begeistert.
Die einen packt das Fernweh und sie möchten viel von der Welt sehen und fremde
5 Länder kennenlernen. Andere erkunden lieber die nähere Heimat. Auch wenn der Zweck der Reise ganz unterschiedlich ist: Wer verreisen will, sucht sich nicht nur sein Reiseziel aus, sondern plant auch den Verlauf seiner Reise, z. B. was er sich ansehen will.

2

Ein Grund, warum die Menschen bereits vor Jahrhunderten trotz der be-
10 schwerlichen Bedingungen umherreisten, war der Handel: Kaufleute, Seefahrer, Abenteurer brachen zu immer entfernteren Zielen auf und tauschten Waren wie Stoffe, Pelze, Gewürze, Schmuck. Natürlich gab es da nach einer geglückten Rückkehr von einer solchen Handelsreise viel zu erzählen. So ließ Marco Polo, der heute wohl bekannteste Fernreisende des 13. Jahrhunderts, seine Reiseerinnerungen
15 aufschreiben – das Buch wurde ein Bestseller. Der venezianische Kaufmann war mit seinem Vater und einem Onkel, ebenfalls Kaufleute aus Venedig, bis nach Asien ins damalige Reich der Mongolen gereist. Dort hatte er viele Jahre im Dienst des Großkhans Kubilai gestanden. Das Buch gibt Einblick in das Leben, die Kultur und den Handel im fernen China. So ist über Sprachen, Religionen, Nahrungs-
20 mittel, Herstellungsweisen verschiedener Produkte und vieles mehr zu lesen.

3

Im 15. Jahrhundert sorgte der aus Genua stammende Seefahrer Christoph Kolumbus für Schlagzeilen: Ihm gelang die Entdeckung Amerikas. Eigentlich war er im Auftrag der spanischen Krone mit drei Schiffen auf dem westlichen Seeweg nach Asien unterwegs, um einen neuen Handelsweg ausfindig zu machen. Doch
25 statt in Asien landete er im Oktober 1492 an der Küste Amerikas. In seinem Bordbuch hielt er nicht nur den Reiseverlauf und das Geschehen an Bord fest, sondern auch seine Eindrücke über die Indianer sowie über Natur und Landschaft.

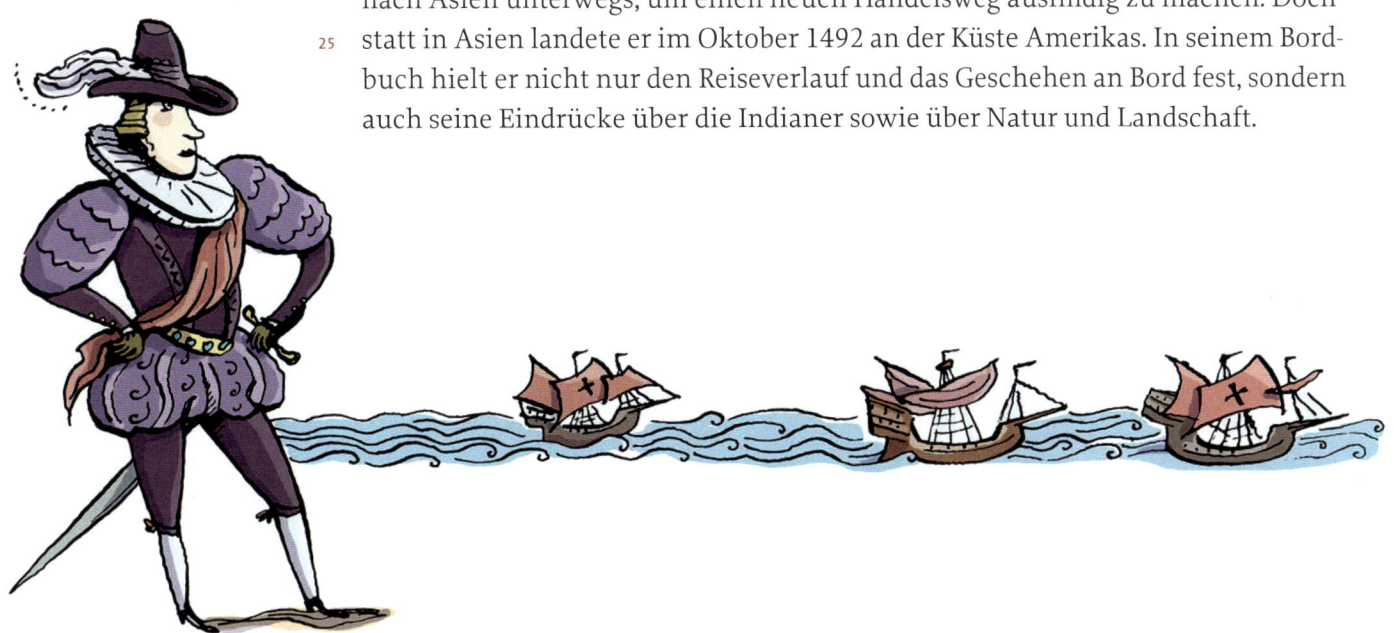

Am Sonntag, dem 28. Oktober, erreichte er mit dem Schiff Kuba und notierte unter
anderem: „[...] Ich habe keinen schöneren Ort je gesehen. Die beiderseitigen Fluss-
30 ufer waren von blühenden, grün umrankten Bäumen eingesäumt, die ganz anders
aussahen als die heimatlichen Bäume. Sie waren von Blumen und Früchten der
verschiedensten Art behängt, zwischen denen zahllose, gar kleine Vöglein
ihr süßes Gezwitscher vernehmen ließen [...].“ Mit seiner Entdeckungsreise schrieb
er Geschichte. Allerdings hielt Kolumbus bis an sein Lebensende an seinem Irrtum
35 fest, er habe einen Seeweg von Europa nach Hinterindien entdeckt.

4

Fast zur gleichen Zeit machte sich (allerdings aus einem ganz anderen Grund)
der junge Nürnberger Maler Albrecht Dürer auf den Weg nach Italien. Gerade war
er von einer vierjährigen Wanderschaft, während der er u. a. in Basel weilte,
zurückgekehrt, da zog es ihn im Herbst 1494 nach Venedig. Es war eine Art
40 Studienreise, die er z. B. für Naturstudien nutzte, aber auch zum Geldverdienen.
So wurde er auch außerhalb seiner Heimat als Künstler bekannt.

5

Besonders im 18. Jahrhundert wurde populär, dass junge Männer aus wohlhaben-
den Familien oft mehrjährige Studien- und Bildungsreisen antraten, um fremde
Länder und deren Kultur sowie Kunstschätze und Sprachen kennen zu lernen.
45 Beliebte Reiseziele waren große Städte wie Rom, Paris, London. Die Eindrücke
wurden oftmals in Briefen, Tagebüchern oder Reiseberichten festgehalten.
Auch der Dichter Johann Wolfgang Goethe unternahm mehrere Bildungsreisen,
u. a. nach Italien. Am 21. 12. 1787 notierte er in Malcesine am Gardasee: „Dass ich
zeichne und die Kunst studiere, hilft dem Dichtungsvermögen auf, statt es zu
50 hindern.“
Die Reisebegeisterung der Menschen beförderte den Straßenausbau und die
Einrichtung von Postlinien mit Postkutschen und so entwickelten sich im 18. Jahrhundert die Anfänge des Tourismus.

6

Während wir heutzutage bei unserer Reiseplanung die Wahl zwischen den ver-
55 schiedensten Transportmitteln haben – ob Bahn, Bus, Auto, Flugzeug oder Schiff,
hatten es die Menschen in den vergangenen Jahrhunderten wesentlich schwerer

voranzukommen. Nicht überall war es möglich, per Schiff oder Boot einen Fluss zu befahren. Auf dem Landweg lief man oft weite Strecken zu Fuß und war froh, wenn man ein Stück auf einem Karren oder Wagen mitfahren durfte. Wer es sich

60 leisten konnte, ritt auf einem Pferd oder Maultier. Besonders reiche Leute konnten sich auch einen eigenen Roll- oder Reisewagen oder eine Kutsche kaufen bzw. mieten.

Erst mit der Erfindung der Dampflokomotive und des Automobils sowie der Entwicklung der Dampfschifffahrt konnte man bequemer, schneller und preis-

65 werter reisen – damit war der Grundstein für unseren modernen Tourismus gelegt und Jules Vernes utopische Reise in 80 Tagen um die Welt ist heute durchaus realisierbar.

2 Ergänze in der Mindmap auf S. 32 das zentrale Thema des Textes.

3 Auf die rot gezeichneten Nebenäste sind Schlüsselwörter aus dem Text geschrieben. Notiere, in welchen Textabschnitten die Schlüsselwörter zu finden sind.

Abschnitte _____

4 Markiere im Text die Schlüsselwörter farbig, die auf den grün gezeichneten Nebenästen verwendet wurden.

5 Ergänze mithilfe des fünften Abschnitts die blau gezeichneten Nebenäste zum Oberbegriff „Reisenotizen".

6 Markiere im Text Schlüsselwörter für den Oberbegriff „Transportmittel" und ergänze jeweils drei Beispiele in der Mindmap auf den gelb gezeichneten Nebenästen.

7 Trage für die im Text genannten Orte und Länder, die bereist wurden, einen passenden Oberbegriff auf den orange gezeichneten Ast ein. Wähle für die Nebenäste fünf Schlüsselwörter aus dem Text aus.

●●● **8** Lies den folgenden Abschnitt und ergänze die Mindmap auf S. 32. Füge, wenn nötig, weitere Nebenäste an.

Im 18. Jahrhundert brach aber auch eine Reihe von Wissenschaftlern zu Forschungsreisen auf. Zu ihnen gehörte Alexander Freiherr von Humboldt, der 1799 gemeinsam mit dem Botaniker Aimé Bonpland eine Reise nach Südamerika unternahm. Sie befuhren z. B. mit einem Kanu den Orinoko und lernten den

5 Amazonas kennen.

In einem Brief an seinen Bruder berichtete er u. a. von dicht verwachsenen Wäldern, großen Tigern, die wegen der Pflanzendichte auf Bäumen leben, vom feuerspeienden Berg Duida und von seiner Bekanntschaft mit Indianern.

Eine Mindmap erstellen

1 Lies die folgenden Texte.

Urlaubszeit – Reisezeit

17. Mai

Hi, Lena!

Wir sind gut mit dem Zug in Hamburg angekommen. Morgen erkunden wir die Stadt näher. Auf unserem Programm stehen eine Stadtrundfahrt, die Besichtigung der Speicherstadt und am Nachmittag besuchen wir den „Michel" (ist eine Barockkirche). Schade, dass du wegen deiner Grippe nicht an unserer Klassenfahrt teilnehmen kannst.

Wir wünschen dir gute Besserung!

Tschüss
Anne

Liebe Eltern,

die Busreise war zwar etwas anstrengend, aber auch interessant, v. a. das Übersetzen mit der Fähre. London ist eine tolle Stadt! Wir haben uns schon viel angesehen, z. B. den Tower, den Buckingham Palast, verschiedene Kirchen und vieles mehr!
Die Familie, bei der ich untergebracht bin, ist sehr nett. Die Verständigung klappt ganz gut.
Vielen Dank, dass ihr mir die Sprachreise, die ja gleichzeitig auch eine Kulturreise ist, geschenkt habt!

Viele Grüße
Eure Kati

Hallo, Martin,

der Flug in die USA dauerte zwar eine Ewigkeit, aber es ist ein wunderschönes Land!
Heute bin ich mit meinen Eltern im Grand Canyon Nationalpark gewesen, dort haben wir uns einen Teil der etwa 1500 Meter tiefen Schlucht angesehen. Mein Vater hat mir eine ganze Menge über die gigantischen Felsformationen und Gesteinsarten erklärt.
Das hier war ein Supererlebnis!

Bis bald
Tom

Hi, Marc!

Nun bin ich schon fast zwei Wochen mit meinen Eltern und Geschwistern auf Urlaubstour: Zuerst haben wir in der Nähe von Rheinsberg gezeltet und haben uns dort am See Paddelboote ausgeliehen. Anschließend ging's weiter nach Stralsund.
Wir sind viel mit den Fahrrädern unterwegs oder gehen baden. Wir wohnen in einem schilfgedeckten Ferienhäuschen. Es ist sehr romantisch.

Bis bald
Linda

Hallo, Paula,

ich bin zurzeit in Spanien und genieße Sonne, Strand und Meer! Gestern war ich tauchen und heute gibt es in unserem Hotel ein tolles Abendprogramm und landestypische Spezialitäten.

Herzliche Grüße
Sandra

Liebe Oma,

viele Grüße aus dem winterlichen Ramsau in Österreich! Das Skilager ist klasse! Wir sind in einer schönen Jugendherberge untergebracht.

Viele liebe Grüße
Rico

2 Erstelle zu diesen Texten eine Mindmap in deinem Hefter. Schreibe in Druckbuchstaben. Gehe so vor:

1 Zeichne in die Mitte deines Blattes (Querformat) einen Rahmen. Schreibe das zentrale Thema oder einen zentralen Begriff hinein.

2 Markiere mit zwei unterschiedlichen Farben in den Texten die Orte und Länder (z. B. mit Blau) sowie die Sehenswürdigkeiten, die besichtigt wurden (z. B. mit Grün).

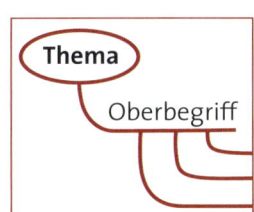

3 Suche für die markierten Orte und Länder einen Oberbegriff.
• Zeichne mit der gleichen Farbe (wie bei Aufgabe 2) einen Hauptast und ergänze den Oberbegriff.
• Zeichne an den Hauptast so viele Nebenäste, wie du Orte und Länder gefunden hast. Schreibe diese Schlüsselwörter auf die Nebenäste.

4 Ergänze in gleicher Weise Hauptast und Nebenäste sowie Oberbegriff und Schlüsselwörter für die von dir markierten Sehenswürdigkeiten.

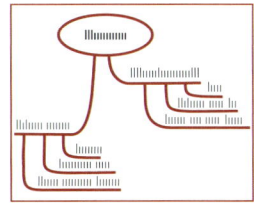

5 Markiere in den Texten mit weiteren Farben, wo die Reisenden während ihres Urlaubs gewohnt haben und auf welche Weise sie gereist sind.

6 Suche jeweils einen Oberbegriff und ergänze in der gelernten Weise die neuen Hauptäste mit dem jeweiligen Oberbegriff sowie Nebenäste mit den Schlüsselbegriffen.

7 Ordne in deine Mindmap folgende Schlüsselwörter ein:
Tipi – Tropfsteinhöhle – Wohnmobil – Prag – Leipziger Zoo – Pension – Salzburg

8 Überlege, ob der Text weitere Informationen enthält, die du in Form von Haupt- und Nebenästen in deine Mindmap einfügen kannst.

Teste dich selbst!

1 Ordne die Arbeitsschritte zum Erstellen einer Mindmap.

☐ Schlüsselbegriffe auf die Nebenäste schreiben

☐ das zentrale Thema notieren

☐ Nebenäste an den Hauptast anfügen

☐ Überprüfen der Mindmap

☐ Hauptast/Hauptäste anlegen

☐ Oberbegriffe finden

2 Lies den Text.

Andere Länder – andere Sitten

Um als Tourist im Ausland nicht ins Fettnäpf-
chen zu treten, sollte man sich vor Reiseantritt über
Sitten, Bräuche und Verhaltensregeln informieren.
Während man sich in Schweden meist mit dem
5 Vornamen anredet und duzt, legen die Franzosen Wert
auf eine korrekte Anrede mit Madame, Mademoiselle
oder Monsieur und dem Nachnamen. Dagegen darf
man in Frankreich z. B. zu einer Verabredung auch
etwas verspätet kommen, was wiederum in Schweden
10 nicht üblich ist. In Spanien sollte man, wenn man eingeladen wird, als Dankeschön ein kleines Geschenk mitbringen. Das ist beispielsweise auch in Großbritannien und Griechenland üblich. Wer in Norwegen nach
Hause eingeladen wird, sollte unbedingt im Flur die Straßenschuhe ausziehen.
Außerdem ist es (wie übrigens auch in Schweden) Brauch, bei Tisch einen Toast
15 auf die Gastgeber auszusprechen und sich nach dem Essen für die Einladung und
das köstliche Mahl zu bedanken. In Polen werden den Gastgebern gern Konfekt
oder Blumen überreicht. In Italien wartet man mit dem Essen, bis alle Gäste ein-
getroffen sind. In den Niederlanden wird die Tafel erst eröffnet, wenn die Gast-
geberin ihren Platz am Tisch eingenommen hat.
20 Neben den Verhaltensregeln für die Begrüßung und bei Einladungen gibt es
natürlich noch eine Reihe anderer Dinge, über die man Bescheid wissen sollte.
Darüber kann man in Reiseführern nachlesen oder das Internet nutzen, um sich
kundig zu machen.

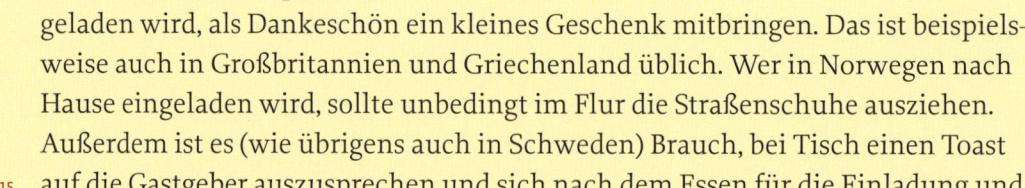

3 Ordne folgende Begriffe richtig in die Tabelle ein.

Blumen	Schuhe ausziehen	Anrede	Verhaltensregeln
Internetrecherche	Toast aussprechen	Informationsbeschaffung
Geschenke	Madame + Nachname	Reiseführer	mit Vornamen
Pünktlichkeit	Konfekt

Oberbegriff	Schlüsselwörter bzw. Unterbegriffe

4 Überprüfe und korrigiere folgenden Ausschnitt aus einer Mindmap zum Text.

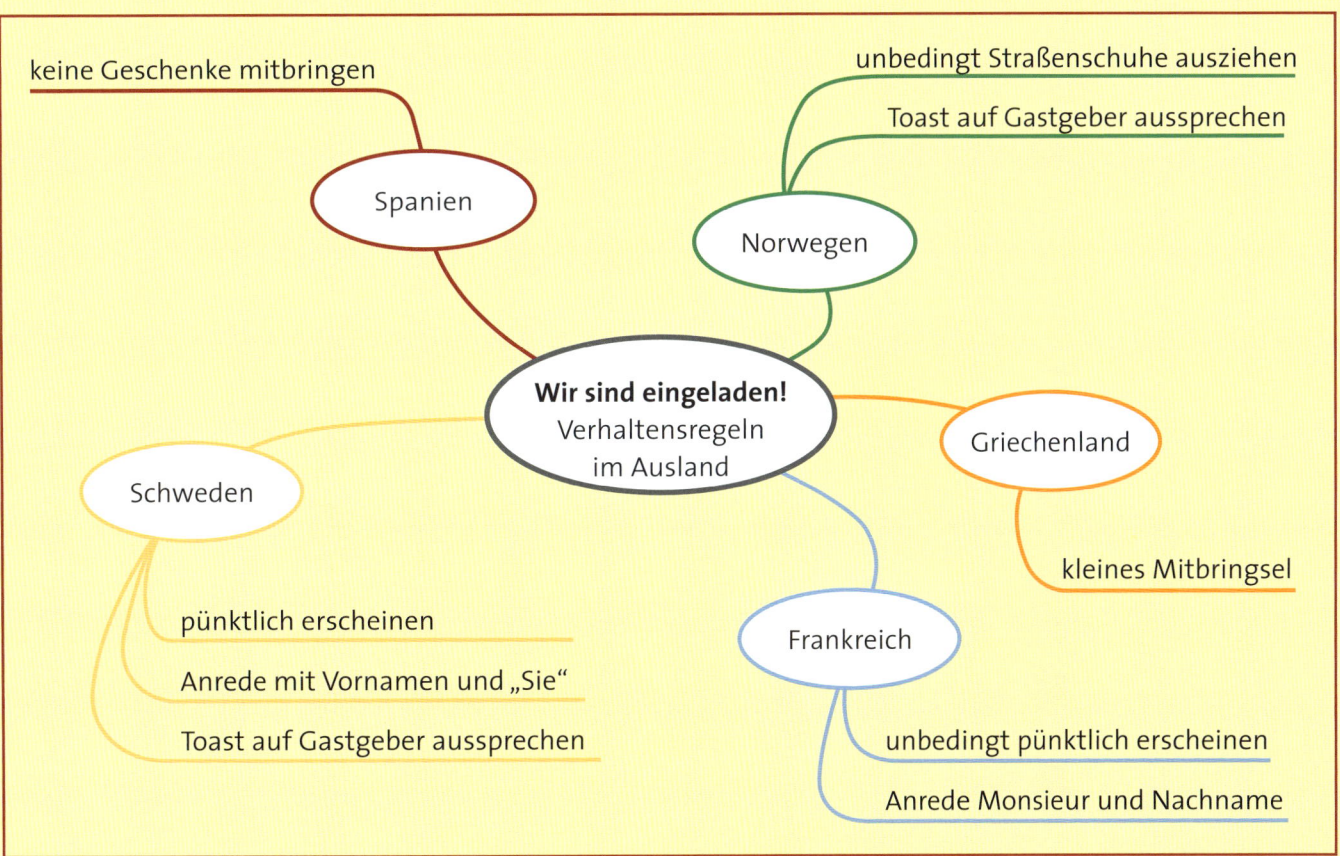

Vorhang auf – Wir spielen Theater

Die Pointe eines Witzes herausfinden

1 Lies die Witze. Die Pointen fehlen noch.

Witz A: **Flöhe** In der Straßenbahn sitzt eine feine Dame. Ein Hund schnüffelt an ihrem Bein. Sie fährt den Hundebesitzer an: „Nehmen Sie, um alles in der Welt, Ihren Hund da weg! Ich spüre schon die Flöhe an meinem Bein!" Hundebesitzer: ...	Witz B: **Der Salat** Gast: „Herr Ober, in meinem Salat ist eine dicke Raupe." Ober: „Ich bitte vielmals um Entschuldigung. Ich lasse Ihnen sofort einen neuen Salat bringen. Und selbstverständlich sind Sie unser Gast!" Der Ober eilt nach dem neuen Salat. Da zischt der Gast vom Nebentisch: ...

> **TIPP**
> Eine Pointe ist der überraschende Schluss eines Witzes.

2 Kreuze die treffendste Antwort an.

☐ „Dagegen hilft Flohspray."

☐ „Hasso, komm hierher, die Dame hat Flöhe."

☐ „Da können Sie ja einen Flohzirkus eröffnen."

☐ „Nun haben Sie sich nicht so."

☐ „In manchen Ländern sind Raupen eine Delikatesse."

☐ „Können Sie mir die Raupe einmal leihen?"

3 Erkläre, worin jeweils die Pointe des Witzes besteht.

Witz A: _____

_____

Witz B: _____

_____

4 Welchen Witz würdest du zum Vorspielen auswählen? Begründe.

_____

_____

5 Wie viele Personen sind zum Vorspielen des Witzes nötig? _____

> **TIPP**
> z. B. Tisch, Stuhl, Bekleidung, Teller

6 Nenne zwei bis drei Requisiten, die für das Vorspielen des Witzes wichtig sind.

_____

Einen Solo-Blackout lesen

1 Lies den folgenden Lexikoneintrag.

Blackout: witziges, sehr kurzes Stück zum Vorspielen für eine oder mehrere Personen; überraschende Pointe; Scheinwerfer wird nach Pointe am Ende des Stücks schlagartig ausgeschaltet; Spiel benötigt nur sehr wenige Requisiten

2 Erkläre, wie Blackouts zu ihrem Namen kommen.

_____

_____

_____

3 Lies die beiden folgenden Texte.

Text A: _____

Ein Junge ruft in einem Bastelgeschäft an und fragt den Verkäufer, ob er Geißfüße habe. Als dieser bejaht, rät ihm der Junge: „Die würde ich mir aber wegoperieren lassen."

Text B: _____

Kind: *nimmt den Telefonhörer ab und wählt eine Nummer*
Guten Tag, ist dort das Bastelgeschäft „Lehmann"?
wartet einen Moment
Prima. Ich hätte eine Frage: Haben Sie Geißfüße?
wartet wieder einen Moment
Na, die würde ich mir an Ihrer Stelle wegoperieren lassen.

> **TIPP**
> Geißfuß: messer-
> artiges Werkzeug
> für Linol- und
> Holzschnitt

4 Ordne den Texten die Begriffe „Witz" bzw. „Blackout" zu und trage sie ein.

5 Vergleiche die beiden Texte, indem du Gemeinsamkeiten und Unterschiede gegenüberstellst. Schreibe in Stichpunkten in dein Heft.

Gemeinsamkeiten	Unterschiede

6 Erkläre, worin die Pointe besteht.

_____

_____

> **TIPP**
> – kindlich hoch
> – erstaunt
> – frech
> – pfiffig
> – ...

7 Sieh dir den Text B genau an. Markiere farbig, was gesprochen wird.

8 Lies den Text B laut und probiere verschiedene Sprechweisen aus.

Einen Blackout nach einer Witzvorlage schreiben und einstudieren

1 Lies den folgenden Witz. Markiere anschließend diejenige Textstelle, die die Pointe beinhaltet.

Eine Frau und ein Mann treffen sich. Die Frau wundert sich, warum der Mann trotz des starken Regens seinen Schirm nicht aufspannt. Er erklärt ihr: „Das geht nicht, denn es ist ein Weihnachtsgeschenk von meiner Oma. Und die hat gesagt, ich darf es nicht vor Heiligabend öffnen."

2 Erkläre, worin die Pointe besteht.

_____

_____

3 Schreibe das Gespräch zwischen der Frau und dem Mann als Dialog auf. Setze geeignete Familiennamen ein.

Frau: Guten Tag, Herr _____.
Es gießt ja schon wieder wie aus Kübeln!

Mann: Guten Tag, Frau _____.
Der Regen ist wirklich entsetzlich!

Frau: Aber Herr _____

_____

_____

Mann: _____

_____

_____

4 Lege für beide Personen je eine Rollenkarte an.

TIPP
Die Angaben müssen knapp und charakteristisch für die Person sein. Orientiere dich an der Pointe.

Frau _____

Alter: _____

Aussehen/Verhalten/Eigenschaften:

_____

_____

_____

_____

_____

Herr _____

Alter: _____

Aussehen/Verhalten/Eigenschaften:

_____

_____

_____

_____

_____

5 Notiere, welche Requisiten benötigt werden.

_____

_____

_____

TIPP
Setze die Regieanweisungen in Klammern. Überlege, wie man sich bei Regen verhält.

6 Schreibe für diesen Blackout Regieanweisungen. Schreibe in dein Heft und gehe so vor:

- Notiere zunächst eine einleitende Regieanweisung, in der du kurz die Ausgangssituation und einen geeigneten Handlungsort angibst.
- Schreibe nun eine Regieanweisung für das Spielen der Pointe.
- Füge anschließend für den gesamten Dialog passende Regieanweisungen für Gestik, Mimik, Verhalten der beiden Personen ein.

Beispiel:

Frau : _(auf den Mann zugehend)_
Guten Tag, Herr _____. –
Es gießt ja schon wieder wie aus Kübeln! _(etwas frustriert)_

 7 Überarbeite deinen szenischen Text.

8 Lies den Text mit verteilten Rollen. Gehe so vor:

- Wähle eine der beiden Figuren aus, die du spielen möchtest.
  Konzentriere dich beim lauten Lesen des Dialogs auf deren Text und probiere verschiedene Varianten für die sprachliche Gestaltung deiner Rolle aus, z. B. Stimme (z. B. rau, hell, lispelnd, laut, flüsternd), Dialekt, Sprechtempo (schleppend, schnell, hastig).
- Markiere in deinem Dialogtext der anderen Figur Stichwörter, die dir helfen, damit du deinen Einsatz nicht verpasst.

Beispiel:

Frau : Guten Tag, Herr _____. –
Es gießt ja schon wieder <u>wie aus Kübeln!</u>

 • Du kannst auch beide Rollen für das Vorspielen einstudieren.

TIPP
Beachte die von dir markierten Stichwörter.

9 Lerne nun deine Rolle auswendig und übe den Dialog, indem du den Rollentext der anderen Figur liest und deinen Text auswendig sprichst.
Achte dabei auch auf die Umsetzung deiner Regieanweisungen sowie auf deine Mimik und Gestik.

Einen Sachtext lesen und verstehen

1 Lies den folgenden Text.

Mir macht es einfach Spaß in der Gruppe.

Ich habe schon im Kindergarten gespielt.

Ich möchte mal Schauspielerin werden.

Wir sind ein gutes Team.

In vielen Schulen gibt es ein Schultheater, wo interessierte Schülerinnen und Schüler mit großer Freude und <u>Engagement</u> gemeinsam proben, Texte schreiben, Kulissen und Requisiten bauen, Kostüme und Theaterplakate anfertigen. Manch einer der bekannten Bühnen- und Filmschauspieler hat während seiner Schulzeit
5 in einem Schultheater mitgewirkt und so zu seinem Beruf gefunden.
Die Gründe für die Mitarbeit in einem Schultheater sind sehr unterschiedlich.

Andere Schülerinnen und Schüler antworteten auf die Frage, warum sie ihre Freizeit mit Theaterspielen verbringen, dass die Arbeit im Schultheater interessant und vielfältig sei, dass sie gern vor anderen auftreten oder dass sie dadurch neue
10 Freunde gefunden haben.

In einem Schultheater gibt es aber nicht nur Darsteller, sondern es werden auch technisch Interessierte für Licht und Ton und für den Bühnenaufbau benötigt. Hinzu kommen diejenigen, die für Masken, Frisuren und Kostüme zuständig sind. Ein Schultheaterteam muss gut organisiert sein und gerade bei Aufführungen
15 auch mit plötzlich auftretenden Schwierigkeiten zurechtkommen. So ist es beispielsweise gut, wenn ein Theatermitglied das <u>Soufflieren</u> übernimmt.

Eine Lehrerin hat über das von ihr geleitete Schultheater geschrieben:
„An unserer Schule gibt es seit fast 15 Jahren ein Schultheater. Da es sich um eine Arbeitsgemeinschaft handelt, proben wir in der Regel einmal in der Woche
20 nachmittags. Unser Motto lautet: ‚Kinder spielen für Kinder‘. Jedes Jahr studieren wir zwei Stücke ein. Für die Weihnachtszeit ist das meist ein Märchen, weil wir vor allem für Kindergarten- und Hortkinder spielen. Aber wir treten auch gern bei Schulfesten auf. So haben wir beispielsweise schon ‚Aschenputtel‘, ‚Zwerg Nase‘ und ‚Die goldene Gans‘ aufgeführt.
25 Im zweiten Schulhalbjahr erarbeiten wir uns gemeinsam ein Stück, z. B. aus dem Schüleralltag. Beliebt sind auch Witze, Sketche oder Krimis. Wir proben aber nicht nur für Aufführungen, sondern haben auch Spaß bei <u>Stegreif-</u> und anderen Improvisationsspielen. Die Schülerinnen und Schüler trainieren ihre Stimme und Körperbewegungen und schätzen sich auch gegenseitig ein.
30 Wir besuchen gemeinsam Theateraufführungen und schauen bei Theaterbesichtigungen auch gern hinter die Kulissen …“

Für Kinder und Jugendliche gibt es in größeren Städten sogenannte Kinder- und Jugendtheater, z. B. das „Theater der Jungen Welt“ in Leipzig, in Berlin das „GRIPS Theater“, in Dresden das „Theater Junge Generation“ und in Branden-
35 burg das „Jugendtheater“. Diese Spielstätten haben sich in ihrem Programm ganz auf ihr junges Publikum eingestellt und bieten meist auch für interessierte Schülerinnen und Schüler Theatergruppen bzw. Arbeitsgemeinschaften an.

2 Suche eine passende Überschrift für den Text und schreibe sie darüber.

3 Im Text sind drei Wörter unterstrichen. Erkläre sie.

_____

_____

_____

4 Schreibe mindestens drei Berufe auf, die mit dem Theater zu tun haben und die im Text eine Rolle spielen.

_____

_____

_____

5 Eine Lehrerin erzählt über ihre Arbeit im Schultheater.
Markiere im Text das Motto ihres Schultheaters und ihre Begründung dafür.

6 Ergänze die Übersicht über die im Text genannten Kinder- und Jugendtheater.

Ort	Name des Kinder- und Jugendtheaters

7 Notiere mindestens drei Gründe, warum es sich lohnt, in einem Schultheater mitzuwirken.

_____

_____

_____

8 Schreibe einen Aufruf zur Gründung eines Schultheaters.
Begründe deinen Vorschlag und achte darauf, dass du mit deiner Idee möglichst viele Schülerinnen und Schüler begeisterst.
Schreibe in dein Heft.

Teste dich selbst!

1 Kreuze an, ob die Aussage richtig oder falsch ist.

Aussage	richtig	falsch
Ein Blackout hat keine Pointe.	☐	☐
Ein Witz kommt ohne wörtliche Rede aus.	☐	☐
Blackouts sind immer von zwei Personen zu spielen.	☐	☐
Blackouts werden nur mit wenigen Requisiten gespielt.	☐	☐

TIPP
Diese Arbeitsschritte fehlen noch:
– Text auswendig lernen
– Requisiten auswählen
– Witz dialogisieren
– Rollentext mit verteilten Rollen lesen
– Witz gründlich lesen

2 Ergänze die folgende Checkliste „Erarbeitung eines Blackouts nach einem Witz".

Abfolge	Arbeitsschritt
1.	
2.	Pointe erfassen
3.	
4.	Figurencharakteristik erarbeiten
5.	
6.	Dialog in einen Rollentext mit Regieanweisungen umschreiben
7.	
8.	Stichwörter für den Einsatz markieren
9.	
10.	Rolle spielen üben

3 Füge in den folgenden Blackout passende Regieanweisungen ein.

Mittag!

Bürochef: *(liegt mit dem Kopf auf dem Schreibtisch und schnarcht)* Rrrrrrrrr!

Mitarbeiterin: _____ Hä em! Hä em!

Mitarbeiterin: _____ Hallo, Chef!

Bürochef: _____ Was gibt's denn?

Mitarbeiterin: _____ Ich wollte nur Bescheid sagen, es ist zwölf – ich geh zur Mittagspause.

Bürochef: _____ Ja, gehen Sie nur, ich arbeite heute durch! *(legt den Kopf wieder auf den Schreibtisch und schnarcht weiter)*

Ballade – Gedicht, Geschichte und Drama

Eine Ballade erschließen

1 Lies die folgende Ballade und markiere die Textstellen, in denen du erfährst, warum der kleine Junge traurig ist.

*
entspricht heute
etwa 50 Cent

Erich Kästner
Verzweiflung Nr. 1

1. _____

Ein kleiner Junge lief durch die Straßen
und hielt eine Mark∗ in der heißen Hand.
Es war schon spät und die Kaufleute maßen
mit Seitenblicken die Uhr an der Wand.

5 Er hatte es eilig. Er hüpfte und summte:
„Ein halbes Brot und ein Viertelpfund Speck."
Das klang wie ein Lied. Bis er plötzlich verstummte.
Er tat die Hand auf. Das Geld war weg.

2. _____

Da blieb er stehen und stand im Dunkeln.
10 In den Ladenfenstern erlosch das Licht.
Es sieht zwar gut aus, wenn die Sterne funkeln.
Doch zum Suchen von Geld reicht das Funkeln nicht.

Als wolle er immer stehen bleiben,
Stand er. Und war, wie noch nie, allein.
15 Die Rollläden klapperten über die Scheiben.
Und die Laternen nickten ein.

3. _____

Er öffnete immer wieder die Hände
Und drehte sie langsam hin und her.
Dann war die Hoffnung endlich zu Ende.
20 Er öffnete seine Fäuste nicht mehr ...

Der Vater wollte zu essen haben.
Die Mutter hatte ein müdes Gesicht.
Sie saßen und warteten auf den Knaben.
Der stand im Hof. Sie wussten es nicht.

4. _____

25 Der Mutter wurde allmählich bange.
Sie ging ihn suchen. Bis sie ihn fand.
Er lehnte still an der Teppichstange
Und kehrte das kleine Gesicht zur Wand.

Sie fragte erschrocken, wo er denn bliebe.
30 Da brach er in lautes Weinen aus.
Sein Schmerz war größer als ihre Liebe.
Und beide traten traurig ins Haus.

2 Fasse in wenigen Sätzen zusammen,
worüber im Text berichtet wird.

_____

_____

_____

_____

_____

3 Weise nach, dass es sich bei „Verzweiflung Nr. 1" um eine Ballade handelt.

1. _____

2. _____

3. _____

4 Verbinde jeweils zwei Strophen zu einem Textabschnitt
und suche passende Überschriften.
Schreibe auf die Linien.

5 Gestalte ein Spannungsdiagramm zu der Ballade. Male die Kästchen entsprechend
der steigenden Spannung farbig aus.

	1. Überschrift		2. Überschrift		3. Überschrift		4. Überschrift	
Strophe	1.	2.	3.	4.	5.	6.	7.	8.

6 Lies den folgenden Text.

Umgang mit Geld lernen

Geld kann für jeden Menschen etwas anderes bedeuten. Es kann zufrieden, frei und glücklich machen, aber es lässt die Menschen auch gierig, maßlos oder kriminell werden.

Jeder kennt das Sprichwort „Geld verdirbt den Charakter". Viele Kinder
5 bekommen Taschengeld und können so sehr zeitig den alltäglichen, aber auch verantwortungsvollen Umgang mit Geld üben.

Das Taschengeld ist ein häufig diskutiertes Thema in den Familien. Kinder und Jugendliche bekommen von ihren Eltern wöchentlich oder monatlich einen bestimmten Betrag, über dessen Verwendung sie meist selbst ent-
10 scheiden dürfen. Durch Taschengeld lernen sie, Geld einzuteilen und damit auszukommen. Und es macht Freude, sich selbst etwas kaufen zu können oder anderen eine Freude zu machen. Natürlich fällt es manchmal schwer, lange zu sparen, wenn man sich einen besonderen Wunsch erfüllen möchte.

15 Manchmal gibt es eine größere Anschaffung in der Familie, sodass es für die Eltern schwierig wird, sich an die Taschengeldabsprachen zu halten. Dabei sind die Eltern gar nicht verpflichtet, ihren Kindern Taschengeld zu geben. Aber wenn Eltern und Kinder ein offenes und vertrauensvolles Verhältnis miteinander haben, können auch schwierigere Probleme
20 besprochen werden. Gemeinsam wird es besser gelingen, mit nicht ganz so einfachen Situationen umzugehen.

<aside>
TIPP
Suche im Internet heraus, welche Taschengeldempfehlungen es für 13- und 14-Jährige gibt.
</aside>

7 Markiere im Text das genannte Sprichwort. Suche weitere Sprichwörter, in denen das Wort „Geld" eine Rolle spielt. Schreibe ein Sprichwort auf.

_____

_____

8 Welche Vorteile bietet das Taschengeld den Kindern und Jugendlichen? Markiere im Text.

9 Versetze dich in die Figur des kleinen Jungen aus der Ballade.
Schreibe einen Tagebucheintrag und schildere deine Gedanken und Gefühle am Ende des Tages.

Zu einer Ballade einen Comic zeichnen

1 Lies die folgende Ballade.

Adelbert von Chamisso
Das Riesenspielzeug

* Burg Niedeck:
Burgruine in den
Vogesen

Burg Niedeck* ist im Elsass der Sage wohlbekannt,
Die Höhe, wo vor Zeiten die Burg der Riesen stand;
Sie selbst ist nun verfallen, die Stätte wüst und leer,
Du fragest nach den Riesen, du findest sie nicht mehr.

5   Einst kam das Riesenfräulein aus jener Burg hervor,
Erging sich sonder Wartung und spielend vor dem Tor
Und stieg hinab den Abhang bis in das Tal hinein,
Neugierig zu erkunden, wie's unten möchte sein.

Mit wen'gen raschen Schritten durchkreuzte sie den Wald,
10   Erreichte gegen Haslach das Land der Menschen bald,
Und Städte dort und Dörfer und das bestellte Feld
Erschienen ihren Augen gar eine fremde Welt.

Wie jetzt zu ihren Füßen sie spähend niederschaut,
Bemerkt sie einen Bauer, der seinen Acker baut;
15   Es kriecht das kleine Wesen einher so sonderbar,
Es glitzert in der Sonne der Pflug so blank und klar.

„Ei! artig Spielding!", ruft sie, „das nehm ich mit nach Haus."
Sie knieet nieder, spreitet behänd ihr Tüchlein aus
Und feget mit den Händen, was sich da alles regt,
20   Zu Haufen in das Tüchlein, das sie zusammenschlägt;

Und eilt mit freud'gen Sprüngen, man weiß, wie Kinder sind,
Zur Burg hinan und suchet den Vater auf geschwind:
„Ei, Vater, lieber Vater, ein Spielding wunderschön!
So Allerliebstes sah ich noch nie auf unsern Höhn."

25   Der Alte saß am Tische und trank den kühlen Wein,
Er schaut sie an behaglich, er fragt das Töchterlein:
„Was Zappeliges bringst du in deinem Tuch herbei?
Du hüpfest ja vor Freuden; lass sehen, was es sei."

Sie spreitet aus das Tüchlein und fängt behutsam an,
30   Den Bauer aufzustellen, den Pflug und das Gespann;
Wie alles auf dem Tische sie zierlich aufgebaut,
So klatscht sie in die Hände und springt und jubelt laut.

Der Alte wird gar ernsthaft und wiegt sein Haupt und spricht:
„Was hast du angerichtet? Das ist kein Spielzeug nicht!
35 Wo du es hergenommen, da trag es wieder hin,
Der Bauer ist kein Spielzeug, was kommt dir in den Sinn?

Sollst gleich und ohne Murren erfüllen mein Gebot;
Denn wäre nicht der Bauer, so hättest du kein Brot;
Es sprießt der Stamm der Riesen aus Bauernmark hervor,
40 Der Bauer ist kein Spielzeug, da sei uns Gott davor!"

Burg Niedeck ist im Elsass der Sage wohlbekannt,
Die Höhe, wo vor Zeiten die Burg der Riesen stand;
Sie selbst ist nun verfallen, die Stätte wüst und leer,
Und fragst du nach den Riesen, du findest sie nicht mehr.

2 Wonach wird in der ersten Strophe gefragt? Was wird geantwortet?
Ergänze die Gedankenblasen.

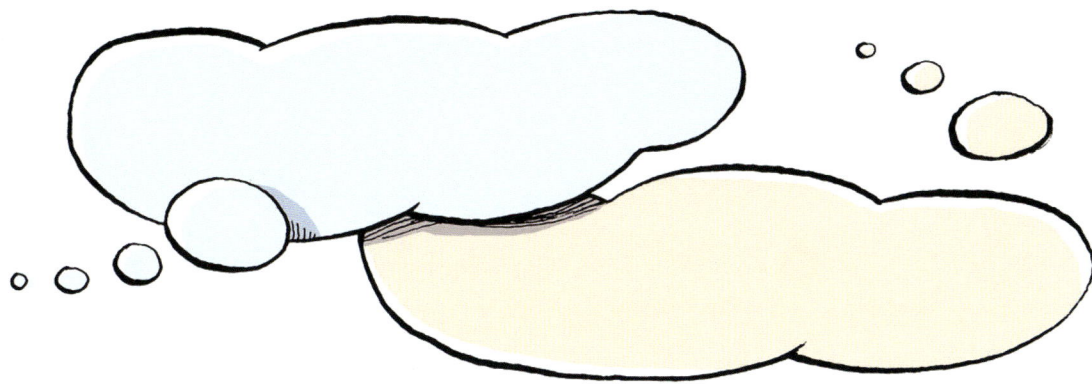

3 Markiere in den Strophen die wörtliche Rede.
Übertrage die wörtliche Rede in die heutige Sprache.

Wörtliche Rede aus der Ballade	Übersetzung in heutige Sprache

4 In der Ballade „Das Riesenspielzeug" findest du viele alte Wörter.
Schlage die folgenden Wörter nach und suche ihre Bedeutung.
Ergänze die Reihe und schreibe in deinem Heft weiter.

Stätte _____

sonder Wartung _____

spähend _____

artig Spielding _____

spreitet _____

behänd _____

5 Gliedere den Text in Sinnabschnitte und suche passende Teilüberschriften.
Arbeite in deinem Heft.

6 Warum nimmt das Riesenfräulein den Bauern und sein Gespann
mit nach Hause? Schreibe auf.

_____

_____

7 Wie reagiert ihr Vater? Warum reagiert er so? Markiere die entsprechenden
Textstellen.

8 Was könnte das Riesenfräulein über die Reaktion des Vaters denken?
Versetz dich in die Figur des Riesenfräuleins und schreibe ihre Gedanken auf.

_____

_____

_____

_____

_____

_____

9 Gestalte einen Comic zu drei aufeinan-
derfolgenden Strophen in deinem Heft.

Eine Ballade ausdrucksstark vortragen

1 Lies die folgende Ballade.

Eduard Mörike
Die Geister am Mummelsee

Vom Berge was kommt dort um Mitternacht spät
Mit Fackeln so prächtig herunter?
Ob das wohl zum Tanze, zum Feste noch geht?
Mir klingen die Lieder so munter.
5   O nein!
So sage, was mag es wohl sein?

Das, was du da siehest, ist Totengeleit,
Und was du da hörest, sind Klagen.
Dem König, dem Zauberer, gilt es zuleid.
10   Sie bringen ihn wieder getragen.
O weh!
So sind es die Geister vom See!

Sie schweben herunter ins Mummelseetal –
Sie haben den See schon betreten –
15   Sie rühren und netzen den Fuß nicht einmal –
Sie schwirren in leisen Gebeten –
O schau.
Am Sarge die glänzende Frau!

Jetzt öffnet der See das grünspiegelnde Tor;
20   Gib Acht, nun tauchen sie nieder!
Es schwankt eine lebende Treppe hervor,
Und – drunten schon summen die Lieder.
Hörst du?
Sie singen ihn unten zur Ruh.

25   Die Wasser, wie lieblich sie brennen und glühn!
Sie spielen in grünendem Feuer;
Es geisten die Nebel am Ufer dahin,
Zum Meere verzieht sich der Weiher –
Nur still!
30   Ob dort sich nichts rühren will?

Es zuckt in der Mitten – Himmel! ach hilf!
Nun kommen sie wieder, sie kommen!
Es orgelt im Rohr und es klirret im Schilf;
Nur hurtig, die Flucht nur genommen!
35   Davon!
Sie wittern, sie haschen mich schon!

2 Worum geht es in dieser Ballade? Lies den folgenden Text. Beantworte anschließend die W-Fragen stichpunktartig.

In der Ballade „Die Geister am Mummelsee" von Eduard Mörike geht es um einen gespenstischen Zug von Naturgeistern, die im nördlichen Schwarzwald ihren König zu Grabe tragen. Feenkinder beobachten diese Prozession und unterhalten sich über ihren König und das von ihnen Beobachtete.
Eduard Mörike erzeugt eine unheimliche Stimmung, da die Naturgeister menschliche Eigenschaften bekommen und die Naturschilderungen eine unheimliche Atmosphäre erwecken. Die Ballade „Die Geister am Mummelsee" gilt als ein typisches Beispiel einer Schauerballade.

Was? _____

Wann? _____

Wo? _____

Wie? _____

3 Schreibe Adjektive und Verben heraus, die besonders anschaulich die schaurige Stimmung wiedergeben. Trage sie in die Tabelle ein.

Adjektive	Verben

4 Wie werden die Geister dargestellt? Beantworte die Frage mithilfe der dritten Strophe.

_____

_____

_____

TIPP
Erstelle eine Hörspielfassung zu dieser Ballade.

5 Trage die Ballade ausdrucksvoll vor, sodass die Gefühle der Beobachter deutlich werden.
Notiere dir Pausen- (/, //)
und Betonungszeichen (____, ═══, ↑, ↓, →, ←, ○, ●).

Teste dich selbst!

1 Lies zunächst die beiden Texte.

unbekannt
Der Rattenfänger von Hameln

Wer ist der bunte Mann im Bilde?
Er führet Böses wohl im Schilde,
Er pfeift so wild und so bedacht;
Ich hätt mein Kind ihm nicht gebracht!

5 In Hameln fochten Mäus und Ratzen
Bei hellem Tage mit den Katzen,
Es war viel Not; der Rat bedacht,
Wie andre Kunst zuweg gebracht.

Da fand sich ein der Wundermann,
10 Mit bunten Kleidern angetan,
Pfiff Ratz und Mäus zusamm' ohn Zahl,
Ersäuft sie in der Weser all.

Der Rat will ihm dafür nicht geben,
Was ihm ward zugesagt soeben;
15 Sie meinten, das ging gar zu leicht
Und wär wohl gar ein Teufelsstreich.

Wie hart er auch den Rat besprochen,
Sie dräuten seinem bösen Pochen,
Er konnt zuletzt vor der Gemein'
20 Nur auf dem Dorfe sicher sein.

Die Stadt, von solcher Not befreit,
Im großen Dankfest sich erfreuet,
Im Betstuhl saßen alle Leut,
Es läuten alle Glocken weit.

25 Die Kinder spielten in den Gassen,
Der Wundermann durchzog die Straßen,
Er kam und pfiff zusamm' geschwind
Wohl auf einhundert schöne Kind.

Der Hirt sie sah zur Weser gehen,
30 Und keiner hat sie je gesehen,
Verloren sind sie an dem Tag
Zu ihrer Eltern Weh und Klag.

Im Strome schweben Irrlicht nieder,
Die Kindlein frischen drin die Glieder,
35 Dann pfeifet er sie wieder ein,
Für seine Kunst bezahlt zu sein.

Ihr Leute, wenn ihr Gift wollt legen,
So hütet doch die Kinder gegen,
Das Gift ist selbst der Teufel wohl,
40 Der uns die lieben Kinder stohl.

Theodor Storm
Über die Heide

Über die Heide hallet mein Schritt;
Dumpf aus der Erde wandert es mit.

Herbst ist gekommen, Frühling ist weit –
Gab es denn einmal selige Zeit?

Brauende Nebel geistern umher;
Schwarz ist das Kraut und der Himmel so leer.

Wär ich hier nur nicht gegangen im Mai!
Leben und Liebe – wie flog es vorbei!

2 Untersuche, ob es sich bei den Texten um Balladen handelt.
Nutze die dir bekannten Merkmale. Notiere deine Schlussfolgerungen.

Merkmale	Über die Heide	Der Rattenfänger von Hameln
z. B. spannende Handlung	trifft nicht zu	trifft zu

Schlussfolgerungen: _____

_____

_____